祭神論　神道神学に基づく考察

——明治神宮・札幌神社・外宮の祭神——

中野裕三

はじめに

「神道神学」という学問は、一般にはあまり馴染みのない学問分野であるのかもしれない。事実、戦後、「神道神学」に関わった研究者相互においても、その学的方法論をめぐって、様々な議論がなされてきた。それらをあらまし俯瞰すると、研究者の神道信仰を前提として、神道信仰のアイデンティティ（自己同一性）を問う学問であることは、共通の認識として、指摘できるように思われる（拙稿「戦後神道神学研究史と本書の課題」、拙著『国学者の神信仰――神道神学に基づく考察――』弘文堂、平成二十一年四月所収）。

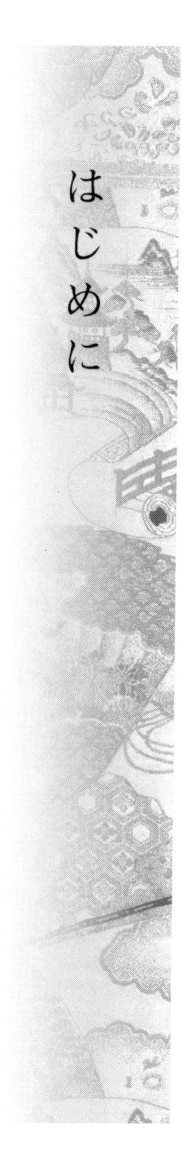

このような意味に於いて、「神道神学」の学問的な樹立に、心血を注がれた國學院大學元学長故上田賢治博士の業績は、その内容の明快さや深さ、そして、神道神学以外の研究（神話研究・日本思想史研究・国学研究等）に及ぼした影響などを考慮すると、他の「神道神学」に関わった研究者の業績を遥かに凌駕している、と思われる。

本書は、かかる上田神学を学んだ一学究が、上田博士のつけた学問的な道筋（神道神学）に従って、現実の神社（神宮）に祀られる御祭神をめぐって、議論した拙稿を収録したものである。

もう一つ、本書を特徴づけているのは、第一章・第二章で考察する明治神宮・札幌神社（北海道神宮の前身）は、いずれも近代の御創建である。更に第三章の伊勢の外宮の御祭神の問題も、近代の議論が取り上げられている。

もともと歴史研究に疎い筆者を、以上の拙稿を執筆するに迄、お導き頂いたのは、國學院大學教授阪本是丸博士の御指導に拠るものである。

その意味において、本書は、かく申上げるのは甚だ心もとない拙著ではあるが、神道学研究者として筆者の先達（Vorfahr）にあたる、お二人の碩学の御指導の賜物であるに他ならない。

ちなみに、学術的な論文集は、一般読者には難解であると理解されがちである。しかし、本書には、連合艦隊司令長官東郷平八郎による日本海海戦の勝利に関する述懐、あるいは明治初期、一歩間違えれば不測の事態も予想された明治維新政府による蝦夷地（北海道）確保の問題、そして一部の宗教学者から太平洋戦争における侵略思想を鼓吹した国家機関と見做される神祇院の資料等が、各論文の有力な典拠として引用されている。また、恩師上田博士は、常々、神社神道に対する信仰を持ち合わせていない人々にも、その内容が理解される学問的な客観性を備えていなければならない、と力説していた。本書も、そのような上田博士の教えに従うものであることを、心掛けた。

本書が神社神道関係者のみならず多くの方々に、お目を通して頂けることを願って、擱筆する。

目次

第一章　明治神宮祭神考

明治神宮空撮写真（明治神宮所蔵）

はじめに

大正九年十一月一日、明治天皇と昭憲皇太后とを御祭神に祀る明治神宮の鎮座祭が斎行された。爾来凡そ百年の長きに亘って、東京都代々木に鎮座する明治神宮は、御皇室や歴代総理大臣そして各界著名人等を始めとして広く国民に崇敬されてきた。天皇を御祭神に祀る、所謂宮号を有する神宮は、それほど多くはない。宇佐神宮や石清水八幡宮、筥崎宮など八幡系統の祭神である応神天皇、そして仲哀天皇とその皇后である神功皇后を祀る香椎宮を除くならば、白峯神宮、赤間神宮、水無瀬神宮、吉野神宮などの他、宮崎神宮、橿原神宮、平安神宮、近江神宮、そして明治神宮がある。とりわけ天皇と皇后とを御祭神に祀る神社は、明治二十三年創建の橿原神宮（神武天皇・媛蹈鞴五十鈴媛命）と明治神宮とが挙げられるに過ぎない[1]。

　皇祖神天照大御神より賜った三種神器（厳密に云えば、瓊と劒）を継承し、皇孫であらせられる天皇が人であると同時に優れて神に坐します事は、有史以来の神道信仰に基づくならば自明のことであろう[2]。しかし、天皇の皇后が神であるとする信仰は、果たして正統な神道信仰（神道神学）の立場から、妥当といえるのか、否か。あるいは、神霊と神社の御祭神とは必ずしも同一の概念であるとはいえない。生前の業績を顕彰するだけであるなら、神社の御祭神に迎えられることはない。御祭神に仰がれ、当該御祭神に対する神祇祭祀が厳修されていることは、正に現今に於いても、御祭神は御稜威《みいつ》を発揚されているという、現在進行形であることを意味するのではなかろうか。

御祭神の御神徳を、一学究が議論することは、不敬の誹りを免れない。しかし、研究者の信仰を前提とする神道神学という学問は、絶えずかかる危険性を孕んでいる。それでも学問的な進捗を目指すのは、正しい神道信仰、神社信仰とは何か、という問題を明確にすることを目指す研究者の情念に基づく営みであるに他ならない。問題は、その研究内容がどれほど御祭神を信仰・崇敬する人々の心を納得せしめ、且つ客観的、学問的な道筋が保たれているか、という事にかかっている。

以下、其の事を肝に銘じ、当該問題を検証してみたい。

明治神宮初詣の光景(明治神宮所蔵)

一、神道の他界観

自明の事ながら、明治天皇は明治四十五年七月三十日、また昭憲皇太后は大正三年四月十一日崩御され、その数年後、両陛下のお御魂を明治神宮に鎮祭した。その事から、さしあたり神道信仰においては、人の御魂が死後如何なる世界に鎮まり、また現実世界(我々が生活を営む存在世界)と如何なる関係を結ぶと信ぜられて来たのか、という根本的な問題から確認しておきたい。

（一）　記紀神話の他界観

初めに、古代人の信仰事実を認識する上で、その内容を最も詳細に伝えている「記紀神話」に基づいて、人の御魂が死後如何なる世界に鎮まるのか、所謂他界の問題を考えてみたい。そこで、「記紀神話」に確認される「葦原中国《あしはらのなかつくに》」（現実世界）以外の他界を、一つ一つ検証してみよう。

「高天原《たかまのはら》」は、伊邪那岐命が天照大御神に御頸珠（御倉板擧之神《みくらたなのかみ》）を授け「高天原」を知らす事を事依された伝承からも明らかなように、皇祖神天照大御神が掌る世界である。天孫降臨伝承からも明白なように、天上世界と考えられる。重要なことは、天照大御神が当該世界に於いて御親ら営田《みつくだ》を耕され、そこで収穫された稲穀によって「大嘗」（『日本書紀』は「新嘗」と記している）を聞看された、ということであろう。つまり、「高天原」は「葦原中国」（現実世界）と同様の世界として描写されているのであり、その事は、すでに近世国学の大成者本居宣長（一七三〇―一八〇一）が以下の如く指摘している。

> 高天原《タカマノハラ》は、すなはち天《アメ》なり〈中略〉、まづ天は、天ッ神の坐シます御国なるが故に、山川木草のたぐひ、宮殿《ミアラカ》そのほか萬ッの物も事も、全御孫《モハラミマノ》尊の所知看《シロシメス》此ノ御国土《ミクニ》の如くにして、なほすぐれたる処にしあれば、〈割註中略〉大方《オホカタ》のありさまも、神たちの御上《ミウヘ》の萬ッの事《コト》も、此ノ国土《クニ》に有る事の如くになむあるを、
>
> （『古事記伝』三之巻、筑摩書房版『本居宣長全集』第九巻、一二三頁）

「黄泉国《よみのくに》」は、周知のごとく、伊邪那岐命と共に国生み・神生みの御業《みわざ》を為された伊邪那美命が火

の神迦具土をお生みになり神避られた世界である。その後を追った伊邪那岐命は、中津国に還る為に黄泉神と話し合うべく殿内に入られた伊邪那美命を待ち切れず、一火ともして殿内に坐ます雷神に囲まれた伊邪那美命の凄惨な姿を垣間見てしまう。当該伝承をして、本居宣長は、「黄泉国は、〈中略〉下文《シモノコトバ》に燭一火《ヒトツビトモシテ》とあれば、暗処《クラキトコロ》と見え、〈中略〉下方《シタベ》に在ル国なりけり、〈中略〉貴《タカ》きも賤《イヤシ》きも善《ヨキ》も悪《アシキ》も、死ぬればみな此ノ夜見ノ国に往ことぞ」(『古事記伝』六之巻、同前、二三七〜二三九頁)、と主張した。

　死後、御魂が黄泉国に赴くとの主張はともかくとして、すでに神道神学者上田賢治が指摘している如く、当該伝承をして、黄泉国全体を暗黒の世界と認識する宣長の理解は、誤りであろう。なぜならば、伊邪那岐命は殿内に入るにあたり、「湯津々間櫛の男柱一箇取り闕きて、一火燭して、入り見」ましたからに他ならないからである。むしろこの伝承は、黄泉国全体は必ずしも暗黒の世界ではないことを、示しているのではなかろうか。

　ちなみに、伊邪那岐命は、「黄泉国」から生還するにあたり、「黄泉比良坂《よもつひらさか》」に於いて伊邪那美命から事戸を度《わた》され、それに応酬した。(3) 一方、大穴牟遅神(大國主神)は、御祖の須佐之男命の試練を受けた「根堅洲国《ねのかたすくに》」より「葦原中国」に戻るにあたり、「黄泉比良坂」を通っている。これらの事から、本居宣長は、「黄泉国」と「根堅洲国」とを同一の世界であると認識した。(4) しかし、その当否はともかく、名称の違いは如何ともし難い。合理的に考えるならば、すでに「黄泉国」から「葦原中国」への通路は、千引石《チビキノイハ》で塞がれている。とりわけ、この後、大國主神は、「黄泉国」より生還した伊邪那岐命が身体に附着した黄泉の汚垢を清めるべく禊祓いを行ったのに比較して、かかる御業《みわざ》をすることなく、直接的に葦原中国の国造りに勤しまれた。従って、「黄泉国」と「根堅洲国」とは、やはり別世界と考えるべきではなかろうか。いずれにしても、両国は、その名称から推して、「高天原」とは対照的に「葦原中国」の下方に存在する世界と信仰されていたといえよう。

他界の問題を考える上で、更に『古事記』は、大國主神の国造りを助力し、その御業の後、海の彼方の「常世国《とこよのくに》」へと向かわれた少彦名命の記事を伝え、[5]火遠理命（山佐知毘古）が訪れ、豊玉毘売命と結ばれた「綿津見神之宮《わたつみのかみのみや》」の伝承と共に、古代人が海上乃至海中他界を思惟していたことを、示している。

つまり、『古事記』に示された他界は、「葦原中国」を中心に、その上方に存在する「高天原」、その下方に位置する「黄泉国」と「根堅洲国」、そして海上・海中に位置づけられる「常世国」と「綿津見神之宮」、以上合計三方向に分類できよう。『日本書紀』本文に確認される、伊弉諾尊が職責を全うされ、天に登り鎮まりました「日之少宮《ひのわかみや》」の伝承も、上方他界に含まれるものであろう。

以上、「記紀神話」に示された他界をあらまし見てきたが、その特徴として、次の事を指摘できよう。第一として、最高至貴の天照大御神が知らす「高天原」にせよ、伊邪那美命が神避りました「黄泉国」にせよ、いずれも仏教・基督教両教が主張する「浄土」や「天国」といった理想世界、あるいは「地獄」といった否定的な世界として描写されてはいない。むしろ、人が生活を営む「葦原中国」と同様の世界であると、古代人によって認識されていたことが窺える。更に第二として、「葦原中国」を中心に、他界は『古事記』に六種（『日本書紀』には七種）確認され、そのいずれの他界も、「黄泉国」

から「葦原中国」への通路が千引石で塞がれたことを唯一の例外とするならば、基本的に「葦原中国」と往来可能な世界であることが示されている。

かかる記紀神話に示された他界の特徴は、いったい何を意味するのであろうか。私見に拠れば、人の死後、御魂（霊魂）は、「高天原」や「黄泉国」等に赴くにせよ、それら他界が「葦原中国」と隔絶した世界ではなく、子孫が当該御魂を祀るならば、いつでも現実世界に実在すると、信仰されていた事に基づくのではなかろうか。

仏教や儒教との習合思想を排し、大和言葉の分析を通じて我が国古典に肉薄した近世国学者は、記紀神話に示されたこれら他界を、「幽世《かくりよ》」と一元的に規定した。更に、その「幽世」（神霊、祖霊の在ます世界）が「顕世《うつしよ》」と表裏一体の世界であると認識するに至ったのは、典拠（「記紀神話」）があってのことなのである。

（二）　国学者の他界観

すでに引用した如く、本居宣長は、死後、人の御魂が貴賤強弱に関わらず闇黒の黄泉国（幽世）に赴く、と主張していた。しかし、宣長は、晩年、自らの墓所を松坂近郊の山室山に求め、「今よりは、はかなき身とはなげかじよ、千代のすみかを求め得つれば」と歌を詠んだ。更に、詳細な遺言書をしたため、参り墓としての樹敬寺の他に、己の亡骸が鎮まるであろう山室山に奥津城の建立を企図し、その前に山桜を植えることを書き残した。かかる言動をして、宣長の学問思想と実践の信仰とに矛盾があり、真に宣長を支配していたのは、後者の、御魂が現実世界に永続するとの信仰にあったのではないか、と喧しく議論されてきた。しかし、このような解釈が誤りであることは、『古事記伝』三十之巻に示された、次の宣長の言説によって明らかとなろう。

さて又神に御霊ある如く、凡人《タダビト》といへども、ほど〳〵に霊《タマ》ありて、其《ソ》は死ぬれば夜見《ヨミノ》国に去《マカ》るといへども、なほ此ノ世にも留まりて、福《サキハヒ》をも、禍《ワザハヒ》をもなすこと、神に同じ、但シ其人の位の尊卑《タカキヒキ》き、心の智愚《サカシオロカ》なる、強弱《ツヨキヨワ》きなどに随ひて、此ノ世に魂《タマ》ののこることもけぢめありて、始メよりひたふるに無きが如くなる者もあり、又数百《ヤオトセ》千年《チトセ》を経《ヘ》ても、いちじろく盛《サカリ》にて、まことに神なる者もあるなり、さて然夜見ノ国に去《マカ》れる魂《タマ》の、此ノ世にも残るは、如何《イカ》なるさまぞと云に、彼ノ本ノ火を他処《アダシトコロ》へ将去往《モチサリユク》に、其ノ光リはなほ本の跡へも及びて、しばしは明《アカ》きが如し、然れども将去《モチサ》る火の遠ざかるまゝに、及べる本の跡の光リは、やうやうに微《カスカ》になりて消行《キエユク》如く、数年《アマタ》の年を経《ヘ》て、久しくなれば、残《ノコ》れる霊《タマ》は滅《キエ》ゆくを、尊キ神などは、黄泉《ヨミノ》国に去坐《サリ》るも、此ノ世に残坐《ノコリ》ス御魂の、恒《トコ》常《シヘ》に衰《シメ》ることなく、熾《サカリ》なるは、火大キなるが故に、持《モチ》去リて他處《アダシトコロ》に到着《イタリツキ》ての後も、本ノ跡へ及ぶ光リも、なほ盛リにして、かはること無きが如し。

（『本居宣長全集』第十一巻、三八八頁）

即ち、人の御魂、とりわけ卓越した人の御魂は、死後、黄泉国に鎮まると同時に、現実世界（「此ノ世」）にも実在し、諸々の御所為《みしわざ》（働き）を示すことから、神そのものであるという御魂の多元（「黄泉国」と「此ノ世」）同時存在を、宣長は主張していたといえよう。とりわけ、かかる人の御魂が現実世界に永久に実在することの可能性に言及していることは、（一）に論じた「記紀神話」に見出せる他界の信仰と通底するものであり、その意味に於いて卓見であるといえよう。

人の死後、御魂が現実世界に実在するとの宣長の着眼点は、本居宣長の古道論の継承者を自任する平田篤胤(一七七六―一八四三)によって、より明確に主張されるに至った。

此国土の人の死て。その魂《たま》の行方《ゆくへ》は。何処《いづこ》ぞと云ふに。常磐《とことは》にこの国土に居《を》ること。古伝の趣と。今の現《うつゝ》の事実とを考へわたして。明《あきらか》に知らるれども。万葉集の歌にも。「百足《もゝた》らず、八十《やそ》の隈路《くまぢ》に手向《たむけ》せば。過去《すぎに》し人にけだし相《あは》むかも。」〈割註中略〉と詠める如く。此顕明《このあらはに》の世に居る人の。たやすくは。さし定め云《いひ》がたきことになむ。〈割註中略〉そはいかにと云ふに。遠《とほ》つ神代に。天神祖《あまつかむろぎの》命の。御定《みさだめ》ましゝ大詔命《おほみこと》のまに〳〵。その八十隈手《やそくまで》に隠坐《かくりまし》ます。大國主神の治《しら》する。冥府《かみのみかど》に帰命《まつろひ》まつればなり。(6)〈割注中略〉抑《そも〳〵》。その冥府と云ふは。此顕国《このうつしくに》(現実世界―筆者註)をおきて別に一処《ひとところ》あるにもあらず。直《たゞち》にこの顕国《うつしくに》の内《うち》いづこにも有なれども。幽冥《ほのか》にして。顕世《うつしよ》とは隔《へだゝ》り見えず。故《かれ》もろこし人も。幽冥《ゆうめい》また冥府《めいふ》とは云《い》へるなり。〈中略〉死《しに》て幽冥に帰《おもむ》きては。その霊魂《たま》やがて神にて。その霊異《くしび》なること。その量々《ほど〳〵》に。貴き賤き。善き悪き。剛《つよ》き柔《よわ》きの違こそあれ。中《なか》に卓越《すぐれ》たるは。神代の神の。霊異《くしび》なるにも。をさ〳〵劣らず功《いさを》をなし。また。事の発《おこ》らぬ予《まだき》より。其事を人に悟すなど神代の神に異《こと》なることなく。

(『霊能真柱』下都巻、『新修平田篤胤全集』第七巻、名著出版、八二～八五頁)

篤胤の他にも、橘守部、(7)岡熊臣、六人部是香、矢野玄道といった江戸時代後期から幕末維新期の国学者がそれぞれの幽冥思想を主張している。しかし、それら思想の共通するところは、死後、人の御魂が「顕世《うつしよ》」（現実世界）と表裏一体の「幽世《かくりよ》」（「冥府」）に鎮まり、当該御魂の貴賤強弱に従って、様々の御所為《みしわざ》（働き）を示すことから、神そのものである、との信仰であろう。

以上、「記紀神話」の他界観及び近世国学者の幽冥思想を確認してきた。そこに見出せる信仰は、死後、人の御魂が中津国に実在し、様々の働きを示す事から神そのものである、というものであった。ちなみに、すでに指摘した如く、記紀神話には、現実世界（葦原中国）以外に複数の他界を確認できる。しかし神道信仰に於いて、あくまでも関心の中心は、葦原中国であるだろう。なぜならば、天津神諸々が伊邪那岐命・伊邪那美命に「是のただよへる国を修理《つくり》固《かため》成《な》せ」と命ぜられ、その言依《ことよ》しに従って、岐・美二神は大八嶋国を生み成された。国造りの御業は、三貴子《みはしらのうづのみこ》の一柱、須佐之男命に継承され(8)、更に須佐之男命の子孫、大國主神は国造りの根本基盤を築き上げた。そこに、高天原を掌る天照大御神の子孫、皇孫迩迩杵尊が高天原より「葦原中国」に降臨し、中津国に秩序をもたらした。その際、天照大御神は、皇孫が治らす中津国の命運を予祝しているからである(9)。

従って、人は、人の力を超えた威力（「御稜威《みいつ》」）を有する神々や祖霊を可畏み敬いつつ、神祇祭祀を通じてそれら神々の御稜威の発揚を促し、自らも持てる力を発揮して「修理固成」の営みに参与することが要請されている、といえよう。その意味において、「修理固成の用なくば神も人も無用の長物と云べし」（『延喜式祝詞講義』一之巻、国書刊行会、六四頁）との幕末の国学者鈴木重胤の主張は、まさしく卓見であったと思われる。

死後、人の御魂が中津国（幽世）に実在し(10)、我々の祭祀に呼応して現実世界にその働きを示すとの見解は、神道信仰の中心が中津国の生成発展にあることと、不可分であるといえよう。

二、日本人の神信仰

これまで人の御魂が死後、様々の働きを示すことから、「神」そのものであることを確認してきた。それでは、そもそも有史以来日本人の崇拝する「神」とは、如何なる霊的存在であるのか、その課題を問うてみなければならない。筆者は、当該問題を議論する上で、常々、本居宣長が『古事記伝』三之巻に示した「迦微の定義」を参照してきた。なぜならば、古今東西これに勝る定義は存在しない、と考えるからである。宣長は言う。

迦微《カミ》とは、古御典等《イニシヘノミフミドモ》に見えたる天地の諸《モロモロ》の神たちを始めて、其《ソ》を祀《マツ》れる社に坐《ス》御霊《ミタマ》をも申し、又人はさらにも云《ハ》ず、鳥獣《トリケモノ》木草のたぐひ海山など、其余何《ソノホカナニ》にまれ、尋常《ヨノツネ》ならずすぐれたる徳《コト》のありて、可畏《カシコ》き物を迦微《カミ》とは云なり、すぐれたるとは、尊《タフト》きこと善《ヨ》きこと、功《イサヲ》しきことなどの、優《スグ》れたるのみを云に非ず、悪《アシ》きもの奇《アヤ》しきものなども、よにすぐれて可畏《カシコ》きをば、神と云なり、さて人の中の神は、先《ヅ》かけまくもかしこき天皇は、御世々々みな神に坐《ス》こと、申すもさらなり、其《ソ》は遠《トホ》つ神とも申して、凡人《タダビト》とは遥《ハルカ》に遠く、尊く可畏《カシコ》く坐《シ》ますが故なり、

（『本居宣長全集』第九巻、一二五頁、傍線は筆者）

と。

しかし、右の定義がこれまで正確に解釈されてきたとは言い難い。とりわけ、宣長が神の範囲に言及していることから、あらゆる存在に霊を見る「汎神論」や物に霊魂を感得する「アニミズム」等と評されたことは論外としても、神道研究者に限定しても、いくつかの誤解を確認できる。

神道信仰に基づき、且つ現代に於ける御皇室に対する否定的な議論に対して真っ向から正論を主張し、優れた天皇論を執筆した大原康男氏もその例外ではない。宣長の定義の中核箇所（傍線部）を念頭に置いて、大原氏は次のように述べている。

穏当な見解ではあるが、一義的に概念規定することが可能な唯一絶対神を持たず、一口に八百《やお》万《よろず》の神々といわれる多神教の世界だからこそ、このような汎用性の高い定義にならざるを得なかったのであろう。ここに日本の〈神〉と〈ゴッド〉の本質的な違いがある。

「徳」とは英語でいえばability（能力・力量——筆者註）あるいはvirtue（美徳・徳・道徳的美点——筆者註）に相当する観念で、「可畏《かしこ》き」とは恐れ多いとか、尊いとかの意味である。しかし実際には、たとえば、いくつもの倒産会社を更生させた人のことを「再建の神様」と名づけたり、贔屓《ひいき》のチームのピンチに「神様、仏様、稲尾様」と思わず口走ったりするように、知や徳や技能においてすぐれてはいても、別段「可畏《かしこ》」くはないものまでも〈神〉と呼ぶ訛《なま》った用法もあって、日本語の〈神〉は非常に多様なニュアンスを湛《たた》えている言葉である。それは〈現御神〉観の多様性にも通じる。

何度も繰り返すようだが、〈現御神〉は天皇が自然人としての属性を有しておられることを当然の前提としている。しかし、人間ではあるけれども、同時に、通常人にはない何かすぐれて尊い「いきほひ」があると観念されてきたところに、天皇をして天皇たらしめる本質があった。

（『天皇――その論の変遷と皇室制度』、展転社、昭和六十三年十一月、四九～五〇頁）

恐らくは、右の大原氏の解釈は、「現御神」という概念に、ユダヤ・キリスト教信仰のゴッドの観念に見出せる超越性や絶対性といった契機など、内包されてはいないことを強調するべく物されたものであろう。その指摘に限定するのであれば、正鵠を得ているといえよう。

しかし、宣長の「迦微の定義」がそのような凡庸な対象だけを指し示す定義であると解釈するのは、些か早計であるかと思われる。さしあたり、「すぐれたる徳」を、英語のvirtueであると規定することに問題の一端があるように思われる。ちなみに、『古事記伝』は準備期間も含めれば凡そ三十五年の長きに亘って執筆されたものであるが、その間、「神つ巻」の註釈に限定して云えば、三系統の稿本（下書き）が存在する。二番目に古い下書きは、伊勢、内宮禰宜の荒木田尚賢や荒木田経雅が書写した為、現在彼らの書写本によって、その内容を確認できるが、問題の「すぐれたる徳」に対応する条項を見ると、宣長は「霊《クスシ》キ異《アヤシ》キ威徳《イキホヒ》アルヲ」と記していたことが確認される。[11] 従って、「すぐれたる徳」とは、道徳的な事柄とは全く無縁であり、むしろ「類稀な御稜威《みいつ》（働き）」と解釈するべきであろう。

更に、当該「すぐれたる徳」によって、信仰者に呼び覚まされる「可畏」という感情は、大原氏の指摘する「恐れ多いとか、尊いとかの意味」に限定されるものではない。なぜならば、同じ『古事記伝』の三十之巻を見ると、朝鮮半島に皇軍の兵を向けることを託宣によって示された天照大御神に対して、その託宣を無視したが故に天照大御神の御怒りに触れて崩御された仲哀天皇の伝承を、宣長は、次のように註釈しているからである。

此ノ教諭《ヲシヘサト》し給ふ神は、〈割註中略〉天照大御神に坐《ス》を、痛可畏《アナカシコ》、其ノ大命《オホミコト》を信賜《ウケ》はずて、為《セス》レ詐神《イツハリカミ》とさへ申シ給へれば、大《イタ》く忿《イカラ》し賜ふこと宜《ウベ》なり、天ノ下得所知看《エシロシメ》さぬも宜《ウベ》なり、痛可畏《アナカシコ》、痛可畏《アナカシコ》、世ノ人よ、世ノ人よ、此《コ》をよく思ふべし、よく思ふべし、天皇のみにも坐シまさず、天ノ下には、誰《タレ》しの人か此ノ大御神に背奉《ソムキ》リては、一日片時も得在《エアル》べき、あなかしこ、〳〵。

（『本居宣長全集』十一巻、三五〇〜三五一頁）

つまり、宣長の云う「可畏」とは、過度の恐怖、あるいは宗教的な畏怖といった意味をも内包するものであろう。敢えて指摘するならば、同床共殿の神勅に従って、天皇の大殿の内に斎奉られた八咫鏡《やたのかがみ》（天照大御神の御魂実）の御稜威を只管に恐れられた第十代崇神天皇の在りよう、「其の神の勢を畏れて、共に住みたまふに安からず」と『日本書紀』に伝承される、そのような神霊に対する恐怖の感情を、宣長は念頭に置いていたと思われる[12]。

従って、当該「迦微の定義」を解釈するならば、以下の如く記されよう。即ち、宣長は、我々よりも遥かに力の劣る鳥や獣といった存在から、我々の力を遥かに凌駕するような強力な御稜威を備える神々、皇祖神天照大御神といった御存在に至るまでを「迦微」の範疇に含めている。そしてそのような崇拝対象を、過度の恐怖とでも云うべき宗教的な畏怖、あるいは我々の生活の営みに恵みを齎してくれる存在に対する賛美・畏敬の念、そしてただ単に奇異の念を抱くといった、諸々の宗教感情に従って定義しているのである、と。(13)

かかる「迦微の定義」は、明治神宮御祭神、就中明治天皇の広大無辺な御聖徳を考える上でも、有効であると考えられる。なぜならば、明治三十八年五月二十七、八日の日本海海戦に於いて、ロシア・バルチック艦隊を殲滅した連合艦隊の司令長官東郷平八郎は、海戦終結後、以下のような感慨を述べているからである。

此対戦に於ける敵の兵力我と大差あるに非す敵の将卒も亦祖国の為めに極力奮闘したるを認む然かも我連合艦隊か克く勝を制して前記の如き奇蹟を収め得たるものは一に天皇陛下の御稜威の致す処にして固より人為の能くすへきに非す殊に我軍の損失死傷の僅少なりしは歴代神霊の加護に依るものと信仰するの外なく嚮きに敵に対し勇進敢戦したる麾下将卒も皆此成果を見たるに及んで唯々感激の極言ふ所を知らさるもの〻如し。

(『東郷平八郎全集』第二巻、平凡社、昭和五年七月、二二二頁、傍線は筆者)

一方の御祭神の昭憲皇太后をめぐっても、国民一人一人の安寧を実現すべく学校教育の振興や赤十字社創設といった福祉事業等に尽力された昭憲皇太后のご坤徳は、一般の人民の能く為し得る業績を遥かに超えているといえよう。ここに、その博愛に満ちた大御心が偲ばれるエピソードを一つ紹介しておこう。昭憲皇太后の最晩年、権掌侍として御側近くに奉仕した穂穙英子は次のように述懐する。

初夏の御園生に降りそそぐ雨はみどりに煙って、盛りを過ぎました卯の花がお流れの岩蔭にほの白く、奥深き木立の此処彼処にはさつきの花が得も云われず美しく咲き濡れて居りました。広き芝生には可愛らしい雀の親子が何やら餌を求めて居りました。この有様を先程よりしみじみと御覧あらせられ、可哀想に雨に濡れて何も食べるものとて無いのであろうと御手許の御菓子箱より御自らあれこれと御選定あらせられ、其の上細かく砕きて食べよき様にして与えよと御沙汰あらせられました。仰せかしこみて緋の袴少しく高くかかげ、御階のもとよりおり立ちました。雨傘をさし許されまして左手に御菓子箱を抱え、雀のもとへと撒き与えました。有難き大御心の通じましたものか、雀はさもさも嬉しそうに寄って参りました。美味しそうに戴いて居ります雀の姿を眺めて居りますうちに、知らず知らずも目頭がうるんで参りました。まあ何と云う有難き御慈愛で御座居ましょうか、御座所よりみそなはします両陛下の御満足気な御まなざし、御園生はあまねく恵の雨に包まれて居りました。

（「御側近くお仕へして」、『美しきみこころとおすがた――昭憲皇太后を偲び奉る――』、明治神宮、平成二十六年四月、二二六～二二七頁）

かくして、明治神宮の御祭神は、神道信仰のアイデンティティ乃至は日本人固有の神祇信仰に即して、慈愛溢れる御稜威《みいつ》の著しい「神霊」である事を論証できたかと思われる。そこで、次には、かかる両陛下の御魂を御祭神に祀る事の意味をめぐって、私見を述べたいと思う。

三、おわりに――神道人の規範としての御祭神――

明治天皇・昭憲皇太后両陛下が殊の外、神祇を尊崇あらせられた事を示す事例は、枚挙に遑がない。明治天皇に限定して云えば、明治維新にあたり、五箇条の国是を神祇への誓祭という祭祀の下に公にされたこと。御即位にあたり、紫宸殿に出御され、神宮並びに神武天皇陵以下の山陵を拝礼されたこと。明治二年三月御歴代初めて神宮親拝を挙行されたこと。明治三年一月神祇鎮祭の詔を渙発されたこと[14]。ご体調を崩される明治三十八年迄、新嘗祭を親拝奉仕されたこと、等を挙げられよう[15]。

一方の昭憲皇太后は、明治四十四年五月、歴代皇后として初めて神宮に行啓されている。内外両宮御祭神に対する尊崇の念は篤く、明治二十二年に斎行された式年遷宮の折には、「新宮《にひみや》にいつきまつりてすめ神のみいつもさらにあらたまるらむ」と詠われ、正統な神祇理解に基づく式年遷宮の根本理念というものを、見事に洞察されていることに驚かされる。更に、「新宮にうつりましても皇神《すめがみ》は昔ながらに世をまもるらむ」との御歌、あるいは日露戦争が終結した後、明治三十九年五月靖國神社臨時大祭に行啓された折には、「みいくさのみちにつくししまこともてなほ國まもれ千萬の神」と詠われていること等は、昭憲皇太后の神祇へのお祈りが那辺にあったのかを窺わせるものであろう。

ちなみに、明治天皇は、皇孫としての本分（神祇祭祀）を尽くし、国家元首として国政に関わられ、東アジアの弱小国家から欧米列強と対等に向き合える近代国家へと我が国を成長せしめる上で強力なリーダーシップを発揮された事を想起するのであれば、祭政一致を具現化せしめた御存在であり、謂わば、神道信仰に於ける理想的な天皇像を実践された御方であったと申し上げられよう。御祭神の昭憲皇太后においても、神祇尊崇の念著しく、国民の福祉や産業の育成に類稀な御坤徳を発揚された。

かくして、両陛下は、まさに天津神諸々から伊邪那岐命・伊邪那美命に言依された修理固成の御業に深く関与された点に於いて、神道人一人一人が如何に生きていくべきかという人生の規範を、現《うつ》し身の御体を通じて、具体的に御示しになられた、と言えるのではないか。

以上の考察を通じて、明治神宮の御祭神は、国際平和[16]、我が国国土の防衛、国威発揚、各産業の育成、国民一人一人の福祉と幸せに、強力な御稜威を発揚される神霊であると、筆者には拝されるのである[17]。

註

（1）以上の事実は、昭憲皇太后百年祭斎行にあたり、平成二十六年三月二十九日、明治神宮参集殿に於いて開催された、國學院大學教授阪本是丸氏の講演（「昭憲皇太后と「明治」といふ時代（未定稿）」）を拝聴した際、阪本氏より御教示頂いた。

（2）天保期の国学者伴信友は、後醍醐天皇が隠岐に流され神器と離れてしまった後、御軍を興し神器（神璽・宝劒）を「取還」された事、南北御和睦の後神器は後小松天皇に継承された事等を念頭に置いて、次のように述べている。「神宝三種の中にも、ことに神璽は、高天原にして天照大御神の大御みづから皇孫尊に授給へる、天津璽の旧の真の神宝にて、御代御代の天皇の大御許を、はなち給はぬ御護なるすら、然る禍事はありしぞかし、されども其は禍事の極なりし、しましのほどの事にてこそはありけれ、原より天津日嗣の御事は、天照大御神の御事依《ミコトヨサ》しのまに〳〵、三種の神宝と、堅石に常石に、天地と共に動なく、鎮坐すべき理の、はやく神世に定まり給へる御事なれば、つひには天皇の大御許に帰り入らせたまひにき、此後漸くに世中静りて、つひに古にもまれなるまで、めでたき大御世に立かへりたる趣は、残桜記にも云へるがごとし」(「残桜記下」『伴信友全集』第三、国書刊行会、明治四十年十月、一五七頁)、と。

(3) 念の為、当該伝承の核心箇所を、『古事記』からここに引用しておこう。「伊邪那美命言したまはく、愛しき我が那勢命如此為たまはば、汝の国の人草、一日に千頭絞り殺さむ、とまをしたまひき。爾に伊邪那岐命詔りたまはく、愛しき我が那邇妹命、汝然為たまはば、吾はや一日に千五百産屋立ててむ、とのりたまひき」と。

(4) その判断の最も重要な理由は、伊邪那岐大御神が須佐之男命に、何故事依された国を治めることなく、泣きいさちるのか、と問い糺した事に対する、須佐之男命の答えであろう。即ち、「僕は妣の国、根之堅洲国に罷らむと欲ふが故に哭く」と。当該箇所の「根之堅洲国」を註釈して、宣長は、「堅洲国《カタスクニ》は、片隅国《カタスミグニ》の意なり、そは横《ヨコ》〈東西南北など〉の隅《スミ》にはあらで、竪《タテ》〈上下〉の片隅《カタスミ》にて、下つ底の方を云なり、〈中略〉さて此ノ根ノ国と云は、即チ黄泉国《ヨモツクニ》のことなり」(『古事記伝』七之巻、『本居宣長全集』第九巻、三〇三頁)と述べている。

(5) 宣長は云う。「常世《トコヨ》ノ国《クニ》とは、何処《イツク》にまれ、遠く海を渡りて往《ユ》く国を云なれば、皇国《ミクニ》の外は、萬ノ国みな常世ノ国なり」(『古事記伝』十二之巻、『本居宣長全集』第十巻、一〇頁)、と。

(6) かかる篤胤の言説は『古事記』に示された大國主神の国譲り伝承に基づいている。念の為、当該個所をここに引用しておこう。「此の葦原中国は、命の随に既に献らむ。唯僕が住所《すみか》をば、天神の御子の天津日継《あまつひつぎ》知しめさむ、登陀流《とだる》天之《あまの》御巣《みす》如《な》して、底津石根《そこついはね》に宮柱ふとしり、高天原に氷木たかしりて治め賜はば、僕は百不足八十坰手《ももたらずやそくまで》に隠りて侍ひなむ」と。

(7) 天保期の国学者橘守部は、『日本書紀』の註釈にあたり、独自の神典解釈法「神秘五箇条」を主張した。第五条「天、黄泉、幽、顕、顕露ノ大意」に従って、古典に示された複数の他界を、おしなべて「幽世」

と規定した守部は、かかる幽世を顕世と一体乃至幽世の中に顕世が包まれていると述べている。ただし、守部の幽冥思想は、神霊の在ます空間として明確にされたものであり、人の御魂に関する言説は断片的なものに止まっている（拙稿「橘守部の神理解」・「「顕生魂」説の原由――橘守部の神学――」、拙著『国学者の神信仰――神道神学に基づく考察――』所収、弘文堂、平成二十一年四月参照）。

（8）『日本書紀』四神出生章第六の一書には、「已にして伊弉諾尊三子に勅任さして曰はく、天照大神は高天原を治す可し。月読尊は滄海原の潮の八百重を治す可し。素戔嗚尊は天下を治す可しとのりたまひき」と記されている。

（9）『日本書紀』天孫降臨章第一の一書に天照大神が皇孫に下された所謂「天壌無窮の神勅」を確認できる。即ち、「豐葦原千五百秋之瑞穂国は、是れ吾が子孫の王たる可き地なり。宜しく爾皇孫就きて治せ。行矣、寳祚の隆えまさむこと、当に天壌と窮無かるべし」と。なお、本居宣長も、記紀神話の中心課題が葦原中国の国造りであると、認識していたのではなかろうか。即ち、「元《モト》ッ御祖神《ミオヤガミ》須佐之男ノ命は、伊邪那岐ノ大御神の、汝《イマシ》は此ノ国に勿住《ナスミ》そと詔ひて、遂《ヤラ》はれ賜ひ、其ノ後神劒《クスシキタチ》を得賜ひ、天照大御神に奉りて、大なる功《イサヲ》をのこしおきて、つひに根ノ国に罷リ坐シぬ。故レ又大國主ノ神も、同じく大なる功《イサヲ》を成して、遂《ツヒ》に此ノ天ノ下をば避リ奉リて隠坐《カクリマシ》ぬ、かくて又上ノ件の神たち、大年ノ神の御子たちなども、皆とりぐ〵ほどぐ〵に功《イサヲ》を立《タテ》て、其ノ徳《メグミ》を世に貽《ノコ》しおきたまひぬること、元《モト》ッ御祖神《ミオヤガミ》及《マタ》大國主ノ神の御趣に同じければ、つひに此ノ顕国《ウツシクニ》をば去《サリ》坐シて、其ノ御子孫《ミスヱ》はのこるまじきことも、又同ジ趣なるべき理リ、いともく〵妙《タヘ》なるものなり、此ノ国には勿住《ナスミ》そと詔ひし大命の如く、凡て須佐之男ノ命の御末《ミスヱ》は、つひには顕国に遺れることなし」（『古事記伝』十一之巻、『本居宣長全集』第九巻、五一五～五一六頁）、と。

（10）琉球宗教に見られる他界観「にらいかない」を、民俗学に従い分析した折口信夫は、「来世観」をめぐって、次のように論じている。「日本の固有信仰の中にも、国土のうち或は海のあなたに楽土があつて、其処から周期的に任意に、神或は霊的なものが来訪すると考へる根柢には、祖先が死後その世界に去つて、其処に個性を失つた霊魂となつて集つてゐるものと見た所から出てゐる事が考へられる」（「来世観」、『折口

信夫全集』第二十巻所収、中公文庫版、二一九頁）。と。

（11）拙稿「本居宣長の神観念」、拙著『国学者の神信仰――神道神学に基づく考察――』所収、前出参照。

（12）宗教的な畏怖については、拙稿「ルードルフ・オットーのヌミノーゼ概念――本居宣長の「神の定義」との比較――」、拙著『国学者の神信仰――神道神学に基づく考察――』所収、前出参照。

（13）かかる筆者の解釈の正しさを裏づけるものとして、宣長の「迦微の定義」を踏襲する江戸時代の国学者の見解が挙げられよう。「天保の四大家」の一人に数えられる橘守部は、「最速振《チハヤブル》」という神の枕詞をして、「そも〳〵此ノ最速振《チハヤブル》てふ語は、霊《クシ》く尊き御稜威《ミイツ》にまれ、仇なひ暴《アラ》ぶる猛威《イキホヒ》にまれ、その最速《イチハヤ》ぶる勢ひに向ひがたく、当りがたきに就て云フ語なれば、善神につゞくるは、其ノ奇霊《クシビ》なる御威徳《ミイツ》を申し、悪神につゞくるは、その強暴猛勢《アラブルイキホヒ》をいふなり。其《ソ》は天神地祇を加微《カミ》と申て畏むも、雷狼虎などを加微《カミ》といひて恐るゝも、その恐れかしこむ意は同じかるが如し。又常に畏《カシコ》し、おそろしなど云語も、善悪邪正何れにもわたるにて知べし」（『橘守部全集』、東京美術版全集第八、九一頁）。と。また「外宮祠官中屈指の神宮学者」と評される橋村正兌は、「延暦儀式帳」就中『止由気宮儀式帳』の註釈書、文化十二年（一八一五）に起稿した『外宮儀式解』一之巻に於いて、「神とは本居ノ翁の云れたる如く、天地に坐ます萬神の現御身は更にもいはず、其《ソ》を宮社に祠《マツ》れる御霊を始め、人また鳥獣木草海山其余にも尋常ならず勝れたる徳《コト》の有リて、奇しき恐き物を何にまれ称ふ名にして、尊卑強弱善悪明暗種々有て、大かた一向に定めては云ヒ難き物なれば、加美といふ義《コヽロ》はいかにとも思ひ得がたくなむ」（増補大神宮叢書六『大神宮儀式解　後篇　外宮儀式解』、神宮司廳、平成十八年、二九～三〇頁）と主張した。

（14）即ち、「朕恭しく惟みるに、大祖業を創むるや、神明を崇敬し蒼生を愛撫し、祭政一致、由來する所遠し。朕、寡弱を以て夙に聖緒を承け、日夜怵惕し、天職の或は虧けんことを懼る。乃ち祇みて天神地祇八神暨び列皇の神靈とを神祇官に鎭め祭り、以て孝敬を申ぶ。庶幾くは億兆をして矜式する所有らしめんことを」（『明治天皇詔勅謹解』、明治神宮、昭和四十八年一月、一二三五～一二三六頁）と。

（15）明治三十七年七月二十一日、来る明治四十二年度式年遷宮にあたり、御用材の不足を案じた臣下が「柱を土中に樹つるの古法を改めて、柱下に礎石を置き、コンクリートを以て固むるときは、即ち二百年を保つべく、此の期間には檜樹成育し、巨大の用材を得ること難からざるべし」（『明治天皇紀』第十、宮内庁、昭和四十九年八月、八〇二頁）と建言した。しかし明治天皇はかかる提案を断じて勅許しなかった。即ち、「天皇聽したまはず、八月三日實則を以て、四十二年度造營は總て現在の様式に従ふべき旨を二人に傳へしめたまふ」（同前）と。

(16) 日露開戦にあたり、明治天皇が詠われた「よもの海みなはらからと思ふ世になど波風のたちさわぐらむ」との有名な御製は、明治天皇が心から世界平和を希求されていたことを、雄弁に物語る。なお、昭和天皇は、かかる御製を、太平洋戦争不可避となった状況下、昭和十六年九月六日の御前会議において読み上げられた。

(17) 明治神宮に長年に亘り御奉仕された神道研究者佐藤一伯氏は、『明治聖徳論の研究――明治神宮の神学――』（国書刊行会）を平成二十二年十一月に上梓された。明治神宮御祭神の御聖徳と御坤徳とを学ぶ上で、必須の研究書であることは疑いえない。しかし、本書のサブタイトルに「神学」と記されていることには、一言云わざるを得ない。結論から先に云えば、筆者は当該書を、神学書とは見倣さない。なぜならば、神道神学とは、研究者の神道信仰を前提として、有史以来の神道信仰のアイデンティティ（自己同一性）を問うことに、研究の課題がある（拙稿「戦後神道神学研究史と本書の課題」、拙著『国学者の神信仰』所収、参照）。残念ながら佐藤氏の著作に、かかる着眼点・発想を見出すことはできないからである。ちなみに、本稿が記紀神話に見出される世界観・他界観より解き起こしたのも、かかる配慮があってのことである。

第二章　札幌神社の祭神

――大國魂神の神徳をめぐって――

北海道神宮（北海道神宮所蔵）

はじめに

北海道神宮の前身である札幌神社の創建は、明治二年九月一日、明治天皇の勅旨による神祇官における三神の鎮祭が嚆矢である。札幌神社に於いては、中央の神座に大國魂神、左の神座に大穴牟遅神（『古事記』、速須佐之男命の六世の孫として生まれた大國主神の別名）、右の神座に少彦名神（『古語拾遺』には、割注として、「高皇産霊尊の子。常世国に遁きましき。」と記されている）の開拓三神が鎮祭された。

『古事記』には、「自㆑爾、大穴牟遅与㆓少名毘古那㆒、二柱神相並、作㆓堅此国㆒」と伝承され、一方『日本書紀』宝剣出現章第六の一書には、「夫大己貴命、与㆓少彦名命㆒。戮㆑力一㆑心。経㆓営天下㆒」と明記されている如く、大穴牟遅神と少彦名神とは、力を戮《あわ》せ国造り（天下経営）に御稜威を発揚された神であることは、明瞭であろう。従って、神霊の恩頼《みたまのふゆ》を仰ぎ、北海道の国土を開拓することを目的の一つとして創建された札幌神社に、これら二神が鎮祭されたことに、異議を唱える余地はないといえよう。

しかし、こうした二神の更に上座（中央の神座）に大國魂神を祀る神学的根拠とはいったい何か、という問題は、記紀神話を概観する限り、必ずしも自明ではない[1]。例えば、『古事記』には、唯一、速須佐之男命の御子、大年神の更なる御子神として「大國御魂神」を確認できるのみである。本居宣長は、この神をして、「然るに此《ココ》は何《イヅレ》ノ国ともなきは、倭《ヤマト》の大國御魂なり」（『古事記伝』十二之巻、筑摩書

創建当時の札幌神社
（北海道大学附属図書館所蔵）

房版『本居宣長全集』第十巻、二二二頁）、と規定し、崇神紀・垂仁紀に確認できる「倭（日本）大國魂神」・「倭大神」と同一視している。その職掌については、諸国に祀られる國魂神を念頭に置きながら、「何《イツレ》ノ神にまれ国を経営坐《ツクリ》シし功徳《イサヲ》あるを、其国々にて、國魂《クニミタマ》とも大國魂《ミタマ》とも申して拝祀《イツキマツ》るなり」（同前、二二一～二二二頁）、と述べているに過ぎない。ただし『古事記』に、単に「大國御魂神」と表記されている理由をめぐって、「かくて倭は、天皇命の静坐《シヅマリ》ス御国となりて、又他《ホカ》と異なれば、国ノ名をば申さずして、たゞに大國御魂と申し、大倭《オホヤマト》ノ大神とも申して、皇朝《スメラミカド》の尊崇坐《タフトミ》スことも、殊に重《オモ》かりしなりけり」（同前、二二二頁）、と大國魂神に対する朝廷の敬虔な信仰の有り様に、言及している。

一方、後述するように、崇神紀に確認される、天皇の大殿の内に、天照大神と倭大國魂神との二柱が鎮祭されていたという記事をめぐって、いかなる経緯を辿って倭大國魂神が宮中に祀られたのか、という問題を分析したのは、幕末の国学者鈴木重胤である。更に、こうした重胤の議論を敷衍し、大國魂神の御神徳について言及したのは、明治二年九月に神祇官に置かれた宣教使に少講義生として任ぜられた常世長胤である。

そこで明治二年九月一日に、神祇官[2]に開拓三神が鎮祭された背景をあらまし概観し、すでに論じた国学者の大國魂神観を斟酌しつつ、何故、札幌神社に於いては大國魂神が大穴牟遅神・少彦名神の更に上座に鎮祭されるに至ったのか、当該問題を検証してみたい。

一、開拓三神鎮祭の背景

明治二年五月二十一日、明治天皇は、行政官・六官・学校・待詔局及び府県の五等官以上を宮中に招集され、皇道興隆・知藩事選任・蝦夷地開拓に関して諮詢された。とりわけ蝦夷地開拓をめぐって、次のような御下問を下された。

箱館平定之上ハ速ニ開拓教導等之方法ヲ施設シ人民繁殖ノ域トナサシメラルヘキ儀ニ付利害得失各意見無忌憚可申出候事

（『明治天皇紀』第二、一二六頁）

右の勅旨に従えば、大政復古の大号令以降、天皇を中心とする中央集権国家体制を国是とする維新政府にとって、蝦夷地開拓を実行する上で、蝦夷地人民に対する「教導」は、急務であったことが窺える。

しかし蝦夷地開拓に於ける問題点は、その事だけに限定されるものではない。なぜならば、それに先立つ明治二年二月二十八日には、議定岩倉具視が輔相三条実美に書を呈し、蝦夷地開拓に関して、次のように分析しているからである。

蝦夷地開拓の事たるや、多年識者の論ずる所なりと雖も、幕府因循姑息、何等施設することなかりしは遺憾と謂ふべし、之れに反して露人此の土に著眼垂涎するや久し、天の皇国に賦与せし土

地を棄てゝ顧みず、徒らに外人の蚕食に委せしむるは、此れ豈吾人の忍ぶ能はざる所にあらずや
（『明治天皇紀』第二、六二一頁）

つまり、当時、極東地域に於ける南下政策を進捗せしめるロシアは、我が国にとっての脅威であったのであり、その脅威に対抗するべく蝦夷地開拓は、明治政府にとって喫緊の課題であったのである。とりわけ、明治二年七月に上京した箱館裁判所権判事岡本監輔が報告した樺太におけるロシアとの一触即発の情勢は、大久保利通を始めとして、維新期の政治家達に、ロシアに対する危機意識を惹起せしめたといえよう。[3] このような趨勢の下、明治二年七月に民部省に設置された開拓使は、八月に太政官に属する機関となった。[4] 明治二年八月九日に行われた日本政府高官と英公使パークスとの懇談に於いて、パークスは、「ロシアが樺太南部まで進出してきている現状から南地へ進みこそすれ後退することはないとして、樺太開拓より蝦夷地を開拓する方がよいと意見を述べた。さらに樺太を心配しているうちに蝦夷地が奪われることになるだろう」（榎本洋介『開拓使と北海道』、四〇頁）と主張している。以上のパークスの建言を受けて、明治二年八月には、蝦夷地問題をめぐって、天皇出席の小御所会議が十回以上開かれている。[5]

かくして維新政府は、樺太開拓に力を注ぐ代わりに、北海道を着実に確保するという政策へと舵を切ったのである。その具体的な内容の一つは、既に明治二年七月二十二日、維新政府より指示された北海道分割分領政策を具体的に実施したことである。即ち、北海道をいくつかの区域に分割し、それぞれの区域を個別の大藩の支配地として与えたのである（麓慎一「維新政府の北方政策」）。そしてもう一

つは、開拓長官を、樺太への出兵を構想する対露強硬派の代表鍋島直正から、伊藤博文・大隈重信といった樺太放棄論者の推挙する東久世通禧へと変更するという事であった。(6)『明治天皇紀』八月二十五日の条には、

大弁東久世通禧を以て開拓長官と為し、御沙汰書を下して其の労苦を慰し、且奮励努力、土地を開拓し、人民を蕃殖し、北門の鎖鑰を厳にし、皇威更張の基を樹つべき旨を諭す、翌二十六日、通禧及び開拓判官島義勇等八人を慰労して酒饌を賜ふ　（『明治天皇紀』第二、一八〇〜一八一頁）

と記されている。

以上、札幌神社の祭神が神祇官に鎮祭される前月（明治二年八月）、維新政府において、樺太・北海道地域に向けてのロシアの南下政策が極めて重大問題として議論されていたことを、確認することができた。かくして、札幌神社創建の背景として、北門鎮護（「北門の鎖鑰」）と北海道開拓との問題に、御稜威を発揚する神霊が要請されていた、と考えられよう。

二、国学者の大國魂神観

近世国学に於ける、大國魂神をめぐる議論は、管見の及ぶところ、すでに引用したように、国土経営に御稜威を発揚する神霊を「國魂」乃至「大國魂」と御名を奉り尊崇していたという本居宣長の学説を嚆矢とするものであろう。一方、平田篤胤は、『大倭神社注進状』の一節、「倭《ヤマト》ノ大國魂《オオクニミタマ》ノ神者、

大己貴ノ神之荒魂、与二和魂一戮《アハセ》レ力ヲ一《ムツビ》レ心ヲ経《ツク》二営《リ》天下之地一ヲ、建二得テ大造之績一ヲ、在シテ二大倭ノ豊秋津国《トヨアキツクニ》一、守《マモリ》二玉フ国家《ミカドヲ》一、因号曰《カレナヅケテマフス》二倭ノ大國魂ノ神一ト」、を典拠として、大己貴神（大國主神）の荒魂であると主張している（『古史伝』十六之巻、『新修平田篤胤全集』第二巻、名著出版、三一〇頁）。かかる篤胤の学説を受容し、「祈年祭詞」を念頭に置きつつ、宮中に大國魂神が祀られるに至った経緯を明らかにしたのは幕末の国学者鈴木重胤（一八一二―一八六三）である。重胤は、祈年祭詞の一節、「生島能御巫能。辞竟奉。皇神等能前爾白久」を、「神祇官西院坐生島巫祭神二座」（神名式）に対する祈年祭詞と認識し、当該神（「生島巫祭神二座」）を、『古語拾遺』の伝承に従って、「大八洲之霊」と位置づけ、畢竟、大國魂神・八千矛神と規定するのである。更に重胤は、大己貴神が平国けし時に用いられ、国譲りにあたり、経津主神・武甕槌神に献上した「広鉾」と「八尺瓊」とを、それぞれ八千矛神と大國魂神との御魂実と規定した。[7]

かくして、崇神天皇の御代まで大國魂神と八千矛神とが「大殿」に祀られ、その後他所（「大和国山辺郡、大和坐大國魂神社三座〈並名神大、月次相嘗新嘗〉」）へ遷し祀られた過程を次のように説明するのである。

古語拾遺に、至二干磯城瑞垣朝一、漸畏二神畏《ママ》一同レ殿不レ安、故更令下斎部氏率二石凝姥神裔、天目一神裔二氏一更鋳レ鏡造上レ剣と有るに倣て、倭大國魂神の矛玉をも、更に造り坐可き理を思ふ可し、（現に宮中に生島足島神社の伝り有りつる事を考知らば、此疑勿る可き物なり、若然らずと為は何の事に依て、大國魂神は天皇の大殿の内に在《マセ》りとも、何の子細に依りて別処に遷されたりとも知られざる可し）」

（『延喜式祝詞講義』二之巻、一五七頁）

かかる重胤の学説を要約するならば、大己貴神より経津主神・武甕槌神に献上された「広鉾」（八千矛神の御魂実）と「八尺瓊」（大國魂神の御魂実）とは、三種神宝と共に天神によって皇孫に授けられた。神武天皇の橿原宮に御世所知食すにあたり、神籬を起樹し、かかる八千矛神と大國魂神との御魂実を、宮中に祀った。(8) かくして大己貴神より献上された矛玉は、崇神天皇の御代まで三種神器と共に天皇の大殿の内に祀られるに至った。そこには、大己貴神の荒魂として大國魂神を規定し、その職能を、「国土経営り坐し、大造の績を得建《エタテ》給ふ」（『延喜式祝詞講義』二之巻、一六二頁）御神徳に見出したといえよう。

以上の近世国学者の学説を継承し、明治維新後、宣教使に出仕した常世長胤（一八三二―一八八六）は、明治十一年頃から顕在化した所謂「祭神論争」を契機として、『小汀之論』を執筆した。本書の意図するところは、千家尊福の唱える、大國主神をして幽世主宰の神と規定する学説を批判するべく、天孫降臨章第二の一書に確認される大己貴神に下された高皇産霊尊の勅、「汝則可三以治二神事一」を、『旧事本紀』を典拠として「汝則可三以治二幽神之事一」と改め、畢竟、当該神勅を、「大己貴命の天上の日隅宮に到り坐して。幽世に在りながら。幽世の神等を斎《イツ》き祀《マツ》るべき御職制を宣別給へる神勅なり」（国文学資料館蔵・マイクロフィルム資料、四ウ）と解釈する事にあった。その問題に関連して、長胤は、大己貴命の職掌を明らかにするべく、大國魂神にも言及しているのである。即ち、『大倭神社註進状』の「家牒曰。腋上池心宮ニ御宇〈孝昭〉元年秋七月甲寅朔。遷二玉フ都ヲ於倭国葛城ニ一。丁卯天皇夢ニ有《アリテ》二一貴人《ヒトリノウマヒト》一。対二立殿戸《ムカヒタチテトノドニ》一自ラ称テ二大己貴命一ト曰《ノリ玉ハク》。我和魂ハ自リ二神代一鎮テ二三諸山ニ一而助ル二神器之昌建ヲ一也。荒魂ハ服《ツキテ》二玉身《オホミマ》ニ一在テ二殿内ニ一而。為ストニ寶基之衛護ヲ一即チ得テ二神教ヲ一而。天照大神ト倭大國魂神ヲ並テ祭ル二於天皇大殿之内ニ一。」との記事を典拠として、「此大國魂神は。大己貴命の荒魂に坐て。最も既くより。天皇命の大御身に属て。大殿之内に在《マ》しゝを。此時の御誨に依りて。天照大御神と並て。斎き祀り置給へる趣なり。」（五十ウ～五十一オ）と主張するのである。かかる学説は、本居宣長の大年神の御子神である大國御玉神をして大國魂神と同一視する学説とは異なり、鈴木重胤の天孫降臨に際して、大國魂神の御魂実である「八坂瓊」も皇孫に附けられ、筑紫の大朝廷にて齋き祀り始められたとする学説を、補うものであった。

更に、長胤の大國魂神観に於ける固有性は、垂仁紀廿五年三月に確認される倭大神（大國魂神）の託宣記事に着目していることであろう。即ち、「我ハ親ラ治《ヲサメム》二大地官《オホトコノツカサヲ》一者言已訖焉《トコトスデニヲハリヌ》ハ。則大和坐ス大國魂ノ神。亦ノ名ハ大土主ノ神の御職制にて。其大地官ハ。いといと大なる事の極なり。其は大八島の国々島々処々に。在りとあらゆる。國魂神則地主神を。悉く主宰し給ふ官を宣へるなり。其よしハ日本大國魂神。又ハ大土主ノ神などある御名の意を以て。此神の御稜威《ミイツ》のしるき由縁《ユエヨシ》を暁るべし。大倭神社註進状に。伝ヘ聞ク倭ノ大國魂ノ神者。大己貴ノ神之荒魂ナリ。与《ト》二和魂一戮セレ力ヲ一《ビテ》レ心ヲ経二営天下之地ヲ一。建二得大造之《オホヨソノ》績《イタハリヲ》一。在テ二大倭豊秋津国ニ一守リ二国家ヲ一。因テ以テ号ヲ曰ス二倭ノ大國魂神ト一。亦曰ス二大地主ノ神ト一。以テ二八尺瓊ヲ一為シテ二神体ト一奉ルレ斎キ焉。とある大地主神是レなり。〈割注中略〉さて和魂と力を合せて心を睦ぶとハ。彼和魂大物主ノ神と御力を合せて。彼大己貴ノ命の天ノ下を経営《ツクリ》給へる時の。労《イタツキ》を助ケ守給へる趣なれバ。此荒魂大國魂ノ神も。最早《イト》く別れて幽世《カクリヨ》にありしことハ知られたり」（五十二ウ～五十三ウ）と。つまり、長胤に拠れば、大國魂神の職能とは、「国々島々処々」に鎮まる個別の國魂神・地主神を掌ること、そして、国造りの御業に御稜威を発揚した神であるということになろう。[9]

それでは、大己貴神とその荒魂である大國魂神との関係について、長胤はどのように解釈しているのであろうか。この問題に対して「抑此神（大國魂神―筆者註）も其始ハ。彼大己貴命より別れ給へる荒魂神なれども、其ノ御所為《ミシワザ》に至りては。却て全体のかたよりは遙に勝て。己命より最既《イトハヤ》く生坐《アレマシ》て。特に御功績《ミイサオ》ある大八嶋の國魂神。又海原の神等に至る迄を悉く主宰し給ふとは。いとも尊くいともかしこく。御稜威健き大神ならずやも」（六十ウ～六十一オ）、と主張し、荒魂大國魂神の御稜威が全体の大己貴命の働きよりも、一層勝るものであることを指摘している。かかる長胤の学説は、朝廷から神々に授けられる神階に依拠している。即ち、『文徳実録』に拠れば、嘉祥三年冬十月には、「大和国大和坐大國魂」に、従二位の神階が授けられたのに対して、同日大神大物主神には正三位が授けられているのである（六十九オ）。

三、八十島祭と大國魂神

それでは、以上論じてきた如く、国土経営に御稜威を発揚し、且つ諸国の國魂を統御するという神話伝承（言語）に示された大國魂神の職掌は、神祇祭祀（行為）乃至はその理念という視点からも見出すことができるのであろうか。

すでに確認したように、鈴木重胤は、「生島巫祭神」が大國魂神と八千矛神とであると規定していた。この認識に従い、神社の祭神の考証に基づき、「生島神足島神」や「生國神足國神」とは、大國魂神と八千矛神とを指し示していると主張した。(10) かくして重胤は、「国々島々の國魂神は、此大國魂神を酋長と為し仕奉て、其の制令に因《ヨリ》准て国土経営の功徳を立て給ひけむ事疑有るまじき者なり、臨時祭式に八十島神祭云々と有りて、右八十島祭御巫一人、生島巫一人、赴二難波湖《ママ》一祭レ之、と記されたるを以て見れば、生國國魂神を祭る因みに、他神等は祀らるゝにぞ有ける、此詞に皇神能敷坐、島能八十島者云々、島能八十島墜事無、皇神等能依左志奉故と有るは其なり、然れば天皇の天下知食す御世の始に、八十島神祭を物為給ふ上は、万国の國魂神を天皇の統御す、万国の為に祭らせ給ふ物なる可し」(『延喜式祝詞講義』二之巻、一六六～一六七頁)、と主張するのである。これまでの重胤の考察に従うならば、天皇の「御世の始」に斎行される八十島祭の祭神は、主に大國魂神を始めとする諸国の國魂神ということになろう。換言すれば、大國魂神と諸国の國魂とを祀ることによって、大八洲国における国造りの進捗と国の安寧とを祈念することが八十島祭の理念であるともいえよう。

八十島祭の祭神を大國魂神乃至諸国の國魂神と規定する重胤の学説は、常世長胤に継承されたと思われる。即ち、「臨時祭式に。八十嶋祭〈中宮准レ此〉。とありて。次に其祭料物を載せたり。又江次第に。八十島祭大嘗会ノ次ノ年行レフ之ヲ。とありて。其祭式を委く載せたるも。皆右の大八島の國魂神を祭れるなり。〈山槐記永暦元年十二月十五日の処に。今日八十島使。典侍右衛門督清盛卿女子などもありて。其次第をも委く載たり。其は此頃迄も厳重に祭しものと見ゆ。〉」（五十七オ・ウ）と。[11]

以上の国学者の学説に従うならば、大國魂神を始めとする諸国の國魂神は、式神名帳に数多確認される諸国の國魂神（國玉神）を祀る社、天皇の大御代に一度だけ斎行される八十島祭、そして崇神天皇の御代まで、天皇と同床共殿という在り方で天照大御神と共に大和大國魂神が祀られていたこと等を勘案すると、古代神祇信仰において、国土の開拓に御稜威を発揚し、且その国土にて生活を営む人民に安寧をもたらす神々として、広く尊崇されてきたといえよう。その在り様は、古代人の生活と国土との緊密な関係を前提とするものであろう。[12]

おわりに

大國魂神をめぐる近世国学者と常世長胤との学説を概観してきた。とりわけ重胤や長胤の議論に顕著に見られるように、大國魂神は大己貴神の荒魂であり、諸国に祀られる國魂神を掌る広大無辺の御神徳を発揚する神と考えるならば、開拓三神において、国造りに御稜威《みいつ》を発揚した大那牟遅神や少彦名神の更に上座に祀られる在り方は、首肯できるものであろう。

とりわけ、第一節に確認した如く、神祇官に於ける札幌神社祭神の鎮祭（明治二年九月一日）に先立ち、明治政府要人は、明治二年七月の岡本監輔によってもたらされた、ロシアとの軋轢が活発化する樺太情勢を聞き及び、更にロシアが樺太問題を契機として、我が国と戦火を交え北海道全体を確保することをも画策していた事を、明治二年八月の時点で認識するに至った。(13)即ち当時、北門鎮護は極めて重大な問題であったといえよう。(14)

すでに別の機会に論じたが、古代神祇祭祀において、「荒魂」は、神霊の荒ぶる働きではなく、霊験あらたかな神霊の御稜威を指し示す概念であり、そのことは、「神功皇后紀」に確認できるように、三韓征伐にあたり、潮流を掌る住吉三神（底筒男命・中筒男命・表筒男命）の荒魂が皇軍の船団を朝鮮半島へと導いたという記事からも理解できよう。(15)ちなみに住吉三神の荒魂を祀る長門国一之宮住吉神社の宮司中村珍政は明治期に、「特ニ外征ニ御功徳ノ懿大ナル住吉大神、殊ニ荒御魂ノ御功徳即墨之江大神之荒《ママ》国家ノ守護神ト成玉ヒシハ正史ニ明ニシテ、即西門鎮護・外寇鎮衛ノ大神ナルコト更ニ弁ヲ俟タス」（「長門国住吉神社昇格願」『住吉神社史料』上巻所収、住吉神社社務所、昭和五十年、三五三頁）、と記している。(16)

従って、札幌神社の神座中央に、大己貴命の荒魂である大國魂神が祀られた事実は、(17)我が国の領土を脅かす、外寇（ロシア）を鎮圧することに、最も御稜威を発揚されると期待される神霊こそは、大國魂神であると信仰されていたことに基づくものではなかろうか。(18)

註

（1）『明治天皇紀』九月一日の条には、次のような記事を見出せる。「北海道開拓の祭神として大國魂神を祀り、之れに大名牟遅神・少彦名神を配祀す、是の日、鎮座祭を神祇官に行ふを以て、宣命使として宮内権大丞四辻公賀を参向せしむ、返祝詞の後宣命使退座し、次に太政官員拝礼し、次に開拓使官員拝礼す」（『明治天皇紀』第二、宮内庁、昭和四十四年三月、一八三頁）、と。

（2）当時の神祇官の布陣は、およそ次の如くであろう。「神祇伯」に中山忠能・三条実美、「大副」に白川資訓・近衛忠房、「少副」に福羽美静・梅溪通善・門脇重綾、「大祐」に北小路随光、「権大祐」に植松雅言、「少祐」に萩原員光・青山景通・平田延胤・萩原厳雄・加部厳夫・遠藤允信、「権少祐」に小野述信・小野崎通亮・大谷秀実・天野正世等がそれぞれ就任している（常世長胤『神祇官沿革物語』二巻、國學院大學図書館蔵、六丁オ。井上順孝、阪本是丸編著『日本型政教関係の誕生』資料篇、第一書房、昭和六十二年二月、三〇九頁、参照）。なお、明治二年九月、樺太に向けて出張する平田派国学者の丸山作楽は、明治二年五月に「神祇官権判事」に就任している（『神祇官沿革物語』二巻、三ウ。丸山善彦・丸山正彦『丸山作楽伝』、忠愛社、明治三十二年十二月、五七頁）。

（3）ロシアの脅威がどのような形で樺太や北海道への維新政府の諸政策に影響したのか、という問題を詳細に論じられた麓慎一氏に拠れば、維新期における北方政策が「緊急に解決しなければならない政治課題として（我が国）政府内部で検討されるようになるのは、大久保が、明治二（一八六九）年七月二十四日、日記に「岡本監輔入来、唐太ヨリ今日着ニテ彼地ノ近状承リ実ニ不堪驚駭候」と記してからのことである」（麓慎一「維新政府の北方政策」、『歴史学研究』七二五、平成十一年、七月、カッコ内は筆者）と論じている。

（4）明治二年から三年にかけての開拓使の動向を詳細に分析された榎本洋介氏は、「開拓使は、後述のように樺太問題が発生したために、八月中恐らく伊藤らが御用掛になる十六日頃に太政官に属する機関となったと思われ。そのため諸誌には、八月「局ヲ太政官ニ移シ」（『事業報告』）「使員詰所ヲ太政官ニ移ス」（『布令録』）、「署ヲ太政官ニ移ス」（『北海道志』）とあるように、詰所を太政官に移し、機能も太政官に所属することになると考えられる」（『開拓使と北海道』、北海道出版企画センター、平成二十一年、三一～三二頁）と推測している。

（5）明治二年八月に開かれた小御所会議に於いて、蝦夷地問題が議論されたことを裏づける直接的な史料は存在しない。しかし榎本洋介氏の指摘に拠れば、八月の大久保利通と広沢真臣との日記には、「小御所会議で蝦夷地問題を取り扱っているらしいこと」を推測できる（『開拓使と北海道』、四六頁）。

（6）開拓長官の人事は、すでに明治二年七月十三日に任命された鍋島直正の後任として、当初外務卿の沢宣嘉が候補に挙がっていた。沢を推挙したのは、平田派国学者であり、八月十一日に外務大丞に就任し、明治二年九月には樺太に出張することになる丸山作楽であった。沢を推挙した丸山が対露強硬派であったため、大久保利通は、沢が開拓長官になった場合、ロシアとの紛争の可能性が強まると考え、最終的に大久保は、伊藤博文（大蔵少輔）・大隈重信（大蔵大輔）や木戸孝允の要請を受けて、東久世通禧に決した（麓慎一「維新政府の北方政策」）。

　ちなみに第二節にて詳述する大國魂神の神徳を論じた常世長胤は、明治二年春以降すでに丸山作楽と面識のあったことが『神祇官沿革物語』から窺える。即ち、「長胤は当時太政官に仕奉てはれど。年久に請ひ求たる神祇官の再び興りて。今の顕に見とめらるゝ事の嬉しさに。時々にハかしこにも通ひて。青山景通〈之稲吉也〉権判事丸山作楽などゝ謀れる事もありし故に。彼官の事ハ内議迄も聞たもてる事もある也」（常世長胤『神祇官沿革物語』二巻、三オ・ウ）と。このことから、常世長胤は、丸山作楽を通じて、明治二年の樺太・北海道に対する明治政府の対露政策に通じていた可能性を指摘できよう。

（7）重胤は云う。「倭矛玉自従と有るは、共に大國主神の奉給ひし物なり、大倭神社註進状に、大國魂神の神体は八尺瓊と記し、八千矛神の神体を広矛と記せるにて知べし、自従と記る由は三種神寶は天神の授給へる物なれば、御心と事依奉給ひ、矛玉は大國主神の、皇御孫命に奉給る表物なれば言う迄も無く、持副降給ふ由なり」（『延喜式祝詞講義』二之巻、国書刊行会版、第一、一五六頁）と。

（8）重胤は云う。即ち、大國魂神の御魂実である「八尺瓊」と八千戈神の御魂実である「広戈」とは、「筑紫の大朝廷にて、斎始給ひける随に三御代を経て皇大宮に令坐奉給ひしを、神武天皇の橿原宮に御世所知食す元年に当て、殊に神籬を起樹給ひて、其御祭祀は物為させ給へるにぞ有ける、然るは皇祖天神の事依し奉給へる天業を恢弘め給ひ、天下に光宅《ミチタラ》はせるの大業此時に大成り、区宇始て安寧くして初国所知看す皇都を六合の中心に定給へれば、其賽謝の御事なるにて知可し」（『延喜式祝詞講義』二之巻、一五六頁）、と。

（9） ちなみに常世長胤は、明治六年に完成せしめた『大道本論』に於いて、國魂ノ神社を、御祭神の相違に従って、三つの類型に分類している。即ち、「一ッには上に云へる國魂ノ神を祭れるがあり。一ッには大國主ノ大神の荒魂《アラミタマ》とます。大國魂ノ神を祭れるがあり。一ッには既《ハヤ》く当《ソノ》国の人民を率《ヰ》て。其国を修理固《ツクリカタ》め給へる神を。某《ソレ》ノ國魂ノ神と称て。祭れるもありて。委しく云ふ時ハ。其御所為《ミシワザ》に幽顕の差別ある也。其は第一に云へる。國魂ノ神は。所謂《イハユル》国土の霊魂にて。其主宰なれバ。おのづから。其御所為も幽につき。また第二第三に云へる國魂ノ神は。既く国民《クニビト》を率て。国土の眼に見ゆる處を経営固《ツクリカタ》め給へば。おのづから。其御所為も顕につく理《コトワリ》なり」（常世長胤『大道本論』、國學院大學図書館蔵、十三オ～ウ）と。

（10） 重胤は云う。「偖此神を生島神足島神とも、生國神足國神とも申す事なるが、古今の書に其徴を索るに、神名式信濃国小県郡生島足島神社二座、（名神大）と有る、此社伝に大己貴神なる由を伝へたり、〈中略〉同式摂津国東生郡難波坐生國國魂神社二座、（並名神大、月次相嘗新嘗）と有るも、此詞に生國足國登御名者白氏と有れば、諦しく生島足島神同神なり、神祇本記と云ふ書に、生國魂社、祭神大國玉命と有て、大和神社と同体なり、〈中略〉又和泉国大島郡生國神社〈鍬靫〉を大國玉命を祀れる由書に見えたり、〈中略〉此等の証拠を得て見れば、生島足島神とも、生國足國神とも申すは、決く大國魂神、八千矛神を斎はせ給ふ物にぞ有りける」（『延喜式祝詞講義』二之巻」、一六〇～一六一頁）、と。

（11） 八十島祭の祭神を大國魂神乃至國魂神（生島神・足島神）と規定する、こうした国学者の学説は、宮地直一「國魂神の信仰」（『神祇と国史』、古今書院、大正十五年七月）や梅田義彦「大嘗祭と八十島祭」（『神道思想の研究』、会通社、昭和十七年八月）に、継承された。一方、八十島祭の本質を玉体の邪気を一切解除する禊祭と主張しているのは、角正方の『八十島祭考証』（大阪府豊国神社社務所、昭和三年十月）であり、田中卓の「八十嶋祭の研究」（『神道史研究』第四巻第五号、神道史学会、昭和三十一年九月）である。こうした諸研究に対して、瀧川正次郎は、仏事や陰陽道の儀礼が践祚や即位に伴って行われている事に注目し、八十島祭をして陰陽道的な禊祓であると位置づけている（「八十島祭と陰陽道」、『律令と大嘗祭――御代始め

諸儀式――』、国書刊行会、昭和六十三年十一月）。

(12) なお、國魂をして、「国々の威力の元」と規定した折口信夫は、大嘗祭にあたり、悠紀の国・主基の国の国風歌《クニブリウタ》が唱われる事に従って、両国の國魂《クニタマ》が天皇の御体に「安定固著」されると、推察している。即ち、「国々を治めるにはその國魂を左右しなければ治められないのである。信濃の国を治めるには、信濃の国の魂が体に這入らなければ、治めることが出来なかつた。昔、諸国の人達が忠勤を誓ふ時には、何時までも國魂《クニタマ》を捧げる形式をとつて居る。國魂を宮廷に献る、さうすると天皇の御体にその国々の魂が這入る。かうして天皇にその国を御統治になる御威力がおつきになる。〈中略〉その献る方法は国風歌《クニブリウタ》といふ歌を唱ふのである。然るときはそれに乗つて國魂が移動する。その国に大昔から伝つてゐる国風歌《クニブリウタ》に乗つて来て、人の体に這入る。この場合、天皇の御体に這入るといふ風に考へてゐるのであつて、これは非常に重要な意義を持つてゐたのである。大嘗祭の時、悠紀の国・主基の国の風俗歌が歌はれるといふことは、両国の國魂《クニタマ》が天皇の御体に這入るといふことになるのである。この二つの国は宮廷の御領有の土地で、全部の其他の国の国風歌であるといふことになる訣である」（『古代人の信仰』中公文庫版『折口信夫全集』第二十巻所収、一三八～一三九頁）。と。

(13) 明治二年八月十一日、パークスは北方問題に関するある情報を日本側に示した。その情報とは、ロシア側に雇用されていたイギリス船ジョリーの船長ウイルソンから聞いた情報であり、「日本側が軍事的に樺太を支配していないので樺太は誰が取っても問題はないのであり、このことが原因で「日本人兵端を開候得ハロシヤニ於而箱館ハ必要之港ニ付早速蝦夷［北海道］を取り可申候」と、紛争が発生した場合にはロシア人が北海道を確保する意図がある」（麓慎一「維新政府の北方政策」）というものであった。

(14) 北海道神宮所蔵の「札幌神社鎮座三十年祝祭会　広告」と命名された冊子には、次の冒頭箇所を確認できる。「本神社ハ最モ恐シ今上皇帝陛下ノ勅裁坐シ北海全道ニ大佩坐ス大國魂神大日本豊秋津洲ヲ国造坐シ、大名貴神少彦名神以上三坐ノ大神等ヲ本道ニ宗社トシテ開拓ノ御守護並ニ皇国北門ノ鎮護ヲ御委託遊ハサル、カ為メニ当時神祇官ニ於テ御鎮坐式ヲ行ハセラレ明治二年九月一日ヲ以テ当札幌ニ御遷坐アラセラレ本年ハ即御遷坐以後三十年ニ相当セリ　此間ノ歳月本道ニ於ル天変地夭ヲ視ルナク風雨常ニ和順ニシテ歳年ノ凶荒ヲ聞カス田園日ニ開ケ漁業月ニ進ミ官民開拓ノ事業上未タ一事ノ蹉礩ナク当時無人ノ境界タリシ蝦夷カ国土ハ今日殆ト八十万ノ人口ヲ増殖スルニ至レリ」と。以上の史料に基づくならば、札幌神社祭神の御神徳に求められていたものは、「開拓ノ守護神」と「皇国北門ノ鎮護」とであったことは明白であろう。

(15)　拙稿「荒魂考」、拙著『国学者の神信仰――神道神学に基づく考察――』所収、弘文堂、平成二十一年四月参照。

(16)　ちなみに、神祇官に宣教使が置かれた際、少宣教使に補任された諸陵允猿渡容盛は大國魂神社が創建された伝承を、慶応四年五月に成った『武蔵総社誌』上巻に記している。そこには、祭神大國魂神をめぐって次のように記されている。「本宮大國魂ノ大神御鎮座の起源は、当社の古縁起に、武蔵ノ国総社六所ノ宮者、人王第十二代景行天皇ノ四十一年五月五日、威神現レ形告テ曰ク、吾ハ是レ大國魂ノ大神也、立テ二祠ヲ於茲一而能ク祭レ吾ヲ、不レバ祭ラレ吾ヲ則四海不二安静一焉、郷民等依テ二神宣一而営ミ二建テ神籬一ヲ、称シテ号二大國魂ノ神社一ト矣と見ゆ」（武蔵総社『大國魂神社史料』第一輯、官幣小社大國魂神社、昭和十九年五月、一三四頁）と。なお傍線部は筆者が施した。

(17)　北海道神宮に所蔵されている『御神徳記』と命名された冊子には、その冒頭に、次の一文を確認できる。「大國魂大神ハ北海道全道ノ國魂ヲ祭ラセ給フ所ニシテ尚他ノ七道ニ於ル各地方大國魂國魂生魂活魂等ノ諸神ヲ祭ラセ給フカ如シ中ニ就テ大和神社ニ坐ス倭大國魂神ハ大己貴神ノ荒魂ヲ祭ラセ給フ由ナリ」と。

(18)　札幌神社の祭神をめぐり、三神が鎮祭される直前、明治二年八月二十七日付で神祇官は、開拓使に意嚮を照会している。その際、開拓判官島義勇は、大名持神と少彦名神の二神に加えて、古代七世紀の武将阿部比羅夫を配祀する試案を神祇官に連絡した（『北海道神宮史』上巻、北海道神宮、平成三年九月、一三頁参照）。結局、神祇官は開拓使の試案を採用することなく、大國魂神を中心とする所謂開拓三神を鎮祭するに至った。私見ながら、こうした事情を鑑みても、札幌神社祭神を決する土壇場に至り、大國魂神を祀るべく進言したのは、平田派国学者として平田国学に精通し、明治二年五月には神祇官権判事に就任、そして明治二年九月に樺太に向けて出張する丸山作楽（一八四〇―一八九九）であったのではなかろうか、と筆者は推測するのである。

第三章　外宮祭神観の変遷

御饌殿（神宮司庁提供）

外宮板垣南御門（神宮司庁提供）

はじめに

昭和七年五月二十六日に開催された内務省主催宮司談合会に於いて、官幣中社白峯宮宮司、石井鹿之助は、「祭祀ニ関スル調査機関ヲ設置」を企図して、いくつかの提案を示した。即ち、『日本書紀』天孫降臨章に示された「神籬磐境の神勅」を尊重する立場から、神祇官八神殿と一体の関係にありながら、すでに廃止されている祝部殿の御祭神に対する奉仕を厳修すること(1)、そして「延暦儀式帳」就中『止由氣宮儀式帳』の冒頭に示された第二十一代雄略天皇に下された天照大神の託宣(2)を重視する立場から、日別朝夕大御饌祭が斎行される御饌殿の神座を再考すること、等を建言した。それら建言の基づく理念は、以下の如きものであった。

抑モ、大日本国ハ神国デアリ、〈中略〉天皇様ヲ現津御神様トシテ、之レニマツロヒ奉リ仕奉ルベキ祭祀ガ、国家ノ何処カニ無クテハナラヌ筈デアル、然ルニ神祇官ノ御廃止以後、曾テハ神祇官ノ祝部殿ニ於テ行ハレタリシ、ナクテハナラヌ、祝部殿ノコノ尊キ祭祀ガ、遂ニ廃絶シテ、明津御神様デアラセラルル天皇様ヲ、今日デハ外国ノ君主ヤ大統領ナドト、同ジク人トシテ考ヘル様ニナリ、国民自ラモ、我ハ神ノ御末ナリトノ神性ノ自覚ヲ失ヒ教学刷新評議会ナドデ、日本精神ノ涵養トカ、人格教育トカヲ弥喧シク彼是問題ニセネバナラヌノデアル、〈中略〉政治ニ基準ナク、国民生活ニ目標ヲ失ヒ、国民思想ハ斯クモ困乱状態ニ陥リ、之レガ為メ、肇国以来未ダ曾テ類例ナキ不祥事件ガ、度々勃発致シマシテ、天照天皇様ニ対シ奉リ、御同様誠ニ、痛心恐懼ノ至リニ堪ヘマセン、非常時国家ヲ救フベキニ、敢テ百年トイハズ、皇国永遠ノ根本大策ノ樹立ハ、現政府ガ中外ニ声明セラレタル、肇国ノ理想ノ顕揚ニヨリテ、国家祭祀ノ確立就中、祭政一致ノ皇国体ニ相応ハシキ、祝部殿ノ御再興、引イテハ神祇官ノ復興ヨリヨリ急ニシテ、然モヨリ根本的ノモノハ、断ジテ無イノデハアリマスマイカ

（「祭祀確立ト肇国ノ理想ノ顕揚ニ就キテ」国立国会図書館憲政資料室所蔵、昭和十一年）

かくして石井は、昭和九年五月二十二日、昭和十年五月十二日にも、合計三度に亘って、「祭祀調査機関ノ設置」を提唱し、とりわけ祝部殿の再興を主張したのであった。

とりわけ昭和九年五月二十二日の提案に於いて、石井は、神宮祭祀をめぐって、前述の天照大神の託宣を重視する立場から、外宮祭神「豊受大神様ハ、如何ナル大神様デアルカ」という問題について議論した。即ち、石井は、神宮の最も重要な祭祀である三節祭（二度の月次祭・神嘗祭）が外宮先祭の形で斎行されていること、天照大神・豊受大神に御日供を奉る日別朝夕大御饌祭が外宮神域内の御饌殿に於いて斎行されること等を論拠として、日別朝夕大御饌祭を、「天照皇大御神様ガ外宮御鎮座以来一日モ絶ユルコトナク、五十鈴ノ川上カラ態々朝夕外宮御饌殿マデ神幸マシマシテ、シカモ豊受大神様ノ下座ニアリテ、豊受大神様トオ相嘗ヲナシ給ヘル」御業であると主張した。このような石井の議論は、後年更に敷衍され、豊受大神をして天照大御神の斎祭る神であると主張されるに至った。かかる石井の主張は、昭和十五年に設立された神祇院に於いて、取り上げられることとなった。

外宮祭神豊受大神と内宮祭神天照大神との関係については、すでに中世、外宮神道の二宮一光説を嚆矢とするものであるが、外宮・内宮祭神をそれぞれ個別神格として認識し、その関係を議論したのは、管見の及ぶところ、近世以降のことであるように思われる。恐らくは石井の問題提議も、かかる近世以降の神宮の祭神論に依拠してのことであったと推察される。そこで、近世以降の外宮祭神論の推移を明らかにするとともに、その内容分析に従って石井の議論を明らかにしたい。

一、度会延佳と本居宣長との祭神論

後期伊勢神道を代表する度会延佳（一六一五―一六九〇）の人物像を詳細に明らかにした宮崎典也は、「神道五部書」と延佳の神道論との関係をめぐって、次の如く分析している。

延佳は五部書或はその類書としての神書に対して多少の考証批判を試みた一方において、全体としては之を信じたのであったが、これは恐らく彼が外宮祠官の家に出でてそこに育まれたといふ社会的身分的環境にもよるであらうが、他方当時の学問自体の水準或は種類にもよつたことであらう。（「度会延佳の神道説の基底」『神道史研究』一一巻二号、昭和三十八年五月）

右の見解は概ね妥当なものと思われる。なぜならば、延佳は神宮三部書を典拠として、外宮祭神を、『日本書紀』開闢神話冒頭に初発の神として記述された國常立尊と同一神であると規定しているからである。

しかし、延佳の主著と目される『陽復記』二巻を概観すると、豊受大神宮権禰宜として神庭に奉仕し、豊宮崎文庫の創設に尽力した延佳固有の、「神道五部書」とは異なる学説もまた見出すことができるように思われる。それは、神道論の中核的課題である御祭神の問題、つまり内外両宮御祭神をめぐる考証であろう。延佳は云う。

眞經津鏡は八咫の鏡の御事なり。〈頭註中略〉此寶鏡を見まさん事吾をみるがごとくすべしとの神勅にまかせ、天照太神の御神体とあがめ奉り代々天皇と御同殿にましましけるに、人皇十代崇神天皇の御宇に甚神威を畏れ給ひて、豊鋤入姫命を附奉て大和国磯城に神籬を立て、しばらく斎奉り給ひぬ。〈頭註中略〉又内裏には神鏡神劍の御影をうつしてとゞめ給ふ。内侍所寶劍と申奉るは是也。其後豊鋤入姫命、太神を戴奉り所々を経給ひしかども、御年老たまふの故に美和の御諸宮より倭姫命を太神に附奉り給ひき。しかるに人皇十一代垂仁天皇の御宇に猶国々所々を経て伊勢国度會郡五十鈴川上にしずめ奉りぬ。

（大神宮叢書『度會神道大成』後篇、神宮司廳、昭和三十年三月、四〜五頁）

と。

つまり、「八咫の鏡」が天照大神の御魂実であることを明言し、内宮創建の過程を詳述するのである。その考証は、「神道五部書」、就中『天照坐伊勢二所皇太神宮御鎮座次第記』に見出せる、「当二神宝日出之時一、天照大日孁貴与二止由氣皇大神一、予結二幽契一。永治二天下一以降、高天之原爾神留坐天、皇親神漏岐・神漏美命以、八百万神等乎天之高市爾神集々給比、大葦原千五百秋瑞穂国波、吾子孫可レ主之地奈利。安国度平久我皇御孫之尊知食度事依奉比、以二八坂瓊之曲玉・八咫鏡・及草薙釼三種之神財一天、授二賜皇孫一、永為二天璽一」（『神道大系』論説編　伊勢神道（上）、財団法人神道大系編纂会、平成五年七月、二頁）との三種神器が天照大神と豊受大神との「幽契」に由来すると規定する解釈と、異なるものであったといえよう。かかる延佳の学説と「神道五部書」との明確な相違は、外宮祭神をして内宮祭神と一体、もしくはより一層勝る御神格であると規定する「神道五部書」を、暗に批判する延佳の言説からも明白であろう。即ち、

吾祭奉レ仕之時先可レ奉レ祭二止由氣太神一との内宮の御神託により、外宮の諸神事、参詣の次第などの先なるを見ては、外宮は國常立尊にて諸神の元なれば内宮より過て尊き神にてましますとおもふやからもあり。是甚僻事なり。諸神事、参詣之前後にて尊神の高卑は定めがたし。又内宮は天照太神にて国土のあるじの始の尊神、其上内宮の御神託により外宮も御鎮座なれば、内宮の神の尊きに外宮の神の及べき事ならずと云やからもあり。愚なる了簡なり。末代の凡夫の習とはいひながら、尊神に高卑を付てこれを上とし、かれを下とする事、言語道断なり。

（大神宮叢書『度会神道大成』後篇、二二五～二二六頁）

と。

かくして、我が国古典に何の徴証も見出せぬ二宮一光説（一元論）は、延佳によって明確に排除されるに至った。其の事は、歴史神学の視点から、大いに評価されるべき偉業であったといえよう(3)。換言すれば、延佳の学説は、国史官蝶主義の立場に基づき「神道五部書」を偽書として批判した吉見幸和

（一六七三―一七六一）の諸説と相まって、近世国学の大成者と見做される本居宣長（一七三〇―一八〇一）をして、『伊勢二宮さき竹の辨』を執筆せしめる契機となったのであろう[4]。

宣長が最晩年に物した『伊勢二宮さき竹の辨』は、外宮祭神豊受大神をして、「高天原に於て、天照大御神の、重く祭らせ給ふ御神」（筑摩書房版『本居宣長全集』第八巻、四七六頁）である、ということを論証することにあった。つまり、宣長は、人が生きる為に必須条件の要である食物が豊受大神の御霊の働き（「恩頼」）によって「成リ出」るとの見解に従って、食物一切を掌る豊受大神の御神徳に着目したのであった。かかる着眼点に基づき、宣長は、外宮祭神豊受大神をして内宮天照大神の御饌に奉仕する「膳部神」と規定する吉見幸和の学説を批判し、また一方においては、「神道五部書」が主張する、二宮一光説に従い、豊受大神をして、天照大神と同等の神あるいはより一層勝る神格であると規定することを、悉く排除したのであった。

以上の〝高天原敬祭説〟の論拠として宣長が注目したのは、「次登由宇氣神、此者、坐二外宮之度相一」との伝承を確認できる『古事記』天孫降臨之段、『止由氣宮儀式帳』の冒頭に確認できる第二十一代雄略天皇に下された皇祖神天照大神の託宣に基づく外宮創建伝承、そして外宮先祭等であった。かかる宣長の議論は、外宮屈指の神宮学者と評された橋村正兌（一七八五―一八三七）によって、継承・展開された。

二、橋村正兌と御巫清直の祭神考証

『止由氣宮儀式帳』の注釈書として『外宮儀式解』四巻を物した橋村正兌は、天照大神の託宣に基づく外宮創建伝承に、詳細な註釈を加えているだけに、固有の外宮祭神観を示すこととなった。その説くところは、高天原のみならず中津国とりわけ神宮においても、豊受大神をして天照大神の斎奉る神である、と規定するものであった。なぜならば、『止由氣宮儀式帳』の冒頭に示された天照坐大御神の託宣を、

此《コレ》の大命よ平生《ツネ》に拝祭《イツキ》りたまふ豊受大御神の己尊《オノレミコト》の大御許に坐《マシマ》さねば、先《ヅ》そを苦しく思ほすが故に、御饌をも安く聞しめさぬにこそあれ、たゞ御饌の事のみにて迎へ給ふと思ふは委《クハシ》からず。加以《シカノミナラズ》とあるに深く眼を著《ツケ》て見よ、常に甚苦《イトクルシ》く思ほしめすが要《ムネ》にて、御饌の事は次に詔《ノタマ》ふ物なり。
（『外宮儀式解』二之巻、『増補大神宮叢書六』、神宮司廳、平成十八年、六一頁）

と解釈したからである。

興味深い事は、右の学説に対する橋村の論証であろう。即ち、豊受大神と天照大神との関係をめぐって、「凡《スベ》て神の御上は文字出来て後の書籍《フミ》につきてとかく申すべき事に非ず。神代の旨《オモブキ》を考ふべし」（『外宮儀式解』一之巻、五〇頁）と主張した後、当該「神代の旨」（純神道）を、別宮をも網羅した神宮社殿の在り方に見出したのである。

万物の祖《オヤ》とも仰ぎ奉るべき御功徳の限なく尊く坐《マ》せる伊邪那岐、伊邪那美二柱大御神も、其始は其《カノ》別宮なる月讀宮院内にまし〱て、宮号も無かりしを、貞観十三年八月宮号を授給へれど、今なほ別宮の列《ツラ》に坐《マシ》まし、〈中略〉貴きや豊受大御神は其鎮坐《マシ》し始よりさる列《ツラ》にもましまさず、かの諸神ノ最貴《モトモタフトキ》大御神に迎へ奉られまして、その尊無レ二も、今一ッ有る如く誰能敢抗《タクラベ》らるゝ如く、宮号さへ始より有て、しかも内外と相対《ムカ》ひますのみならず、月讀尊をさへ同く別宮に属《ツケ》たまひて、公にも内外一宮の如く、神宮とも大神宮とも称へ給ひ、御代々に弥《イヨヽ》益《マスマス》崇め尊み奉り給ひて、近くは霊元天皇の勅《ミコト》もて更に両宮優劣《オトリマサリ》大ましまさぬ旨《ムネ》御《ミ》掟《オキテ》給へるは、豈《アニ》おぼろげの事ならむや(5)

（『外宮儀式解』一之巻、五〇頁）

ちなみに、近年の宗教学に於いて、一宗教の内容は、言語だけではなく行為（宗教儀礼）や視覚的なもの（宗教的な建築物や、儀礼が営まれる空間の様式）といった様々の異なる表出形態を通じて、表出している、と主張された(6)。驚くべきは、橋村がすでに十九世紀前半に、かかる着眼点から、御祭神の神位を論じていることであろう。その意味に於いて、右の言説はまさしく卓見と評されよう。一方、別の見方に基づくならば、そもそも神社神道が言語（記紀神話・神道思想）だけではなく神祇祭祀（行為）や御祭神を祀る社殿の在り方（視覚的なもの）を、信仰内容の重要な表出形態としている宗教なのである、ともいえよう。

いずれにしても、かかる橋村の外宮御祭神をめぐる多角的な着眼点は、幕末から明治二十二年に斎行された式年遷宮に至るまで、神宮故実の分析とそれに基づく古儀復興に生涯を捧げた、神宮学の泰斗、御巫清直（一八一二—一八九四）に継承されたと思われる。とりわけ、清直の業績において注目すべきは、吉見幸和の『五部書説弁』発刊以来、外宮祭神を論ずる上でその価値を否定されてきた「神道五部書」、就中『倭姫命世記』に再び光を当てたことであろう。即ち、『倭姫命世記』をして、『太神宮諸雑事記』天平神護二年（七六六）の条に焼失したと伝えられる『神代本記（紀）』（『太神宮本記』）の逸文に後人が記紀・『古語拾遺』等の神典や両部神道書等を混合せしめ編纂した書であると認識し、当該『太神宮本記』を復元せしめるべく、『倭姫命世記』のTextkritik（テキストクリティーク）に取り組んだのである。(7)

その営みには、外宮祭神豊受大神をして「天御中主霊」と同一視する類の学説は、後人の加筆として排除されている。しかし、『倭姫命世紀』に確認される「皇大神重テ託宣タマハ久。吾カ祭奉仕之時。先可キレ奉ルレ祭リ二止由氣大神ノ宮ヲ一也。然シテ後ニ我宮ノ祭ノ事ハ可二勤仕一也。故レ則諸ノ祭事以テ二此宮ヲ一為レ先ト也。」との外宮先祭を命ぜられる皇大神の託宣に対しては、以下の如き言説を確認できる。

> 按ルニ此託宣本記（『太神宮本記』—筆者註）ノ旧文ニ非ス。後人ノ潤飾ニ係レハ、全クハ信シ難シト雖モ、天照大神ノ豊受ノ大神ヲ尊重セラル、コト、上件ニ祖述スル所ノ如クナレハ、叡慮即チ此託宣ノ如クヤ所思食ラム。是ヲ以テ朝家ニモ其御意ニ随従セラレテ、勅使来入奉幣ノ日モ、先豊受宮ヲ先ニシ、後ニ太神宮ニ奉進シ、年中ノ諸祭総テ太神宮ノ儀ニ准シテ行ハル、モ、悉皆コレヲ先ニセラル。遷御ノ式日一日ヲ先ニス。皇大神ノ荒御魂ナル荒祭宮タニ諸祭ハミナ本宮ノ後ニ行ハル、例ナルニ、独豊受大神ヲ先ニセラル、コト、天照大神ノ尊崇ノ深意ヨリ出テ、朝制モ

コ、ニ及フモノナルヘシ。

（『豊受大神宮寔録』、大神宮叢書『神宮神事考証』前篇所収、神宮司廳、三九三頁）

以上、近世前期の度会延佳から近代の御巫清直に至るまで、外宮祠官の学説を中心に豊受大神をめぐる議論について、概観してきた。その説くところ、内宮祭神が最高至貴の神であることを前提に、豊受大神をして、その天照大神が斎奉る神である、というものであった。その論証過程をあらまし述べれば、「神道五部書」からの離脱という方向性から、神宮祭祀（外宮先祭・御饌殿祭祀）や神宮社殿の在り方という神宮故実、そして『止由氣宮儀式帳』の託宣伝承を重視する方法論へと傾斜し、最終的には、御巫清直の学説に確認できるように、厳密なテキストクリティークを経ての『倭姫命世記』の復権へと結実するものであったといえよう。

かかる研究の推移を踏まえた上で、最後に、本稿冒頭に論じた石井鹿之助の豊受大神論を分析してみよう。

三、神祇院設立（昭和十五年）以降の豊受大神論

白峰宮宮司石井鹿之助の「豊受大神ノ本質ト御饌殿祭祀ノ本義トニ就キテ」と題する考察が、昭和十五年十月に創設された神祇院に於いて取り上げられることとなった。(8) 当時、神祇院調査課に勤務していた阪本健一は、『豊受大神論』を物し、かかる石井の主張に対して、所見を述べている。そこで

の議論は、本居宣長が最初に主張し、橋村正兌・御巫清直が継承し、恐らくかかる議論に基づいて再び石井が問題にした、[9]皇祖神天照大神が豊受大神を斎祭るとの学説を、民俗学の成果をも踏まえ、再検証するものであった。石井の主張の一部を要約するならば、以下の如きものとなろう。

川面凡児の説くところ、伊邪那岐命が天照大神に高天原を知らすべく事依ざされた際に、賜った御頸珠（御倉板擧之神）は、実のところ豊受大神の御魂実であった。従って、天照大神が高天原に於いて大嘗聞看す御業は、豊受大神を敬祭することに他ならない。『日本書紀』天孫降臨章の一書に確認される「斎鏡共殿の神勅」と「斎庭稲穂の神勅」とは、かかる高天原に於ける天照大神の御業を、中津国に於いて実現せしめるべく下されたのである。

『太神宮諸雑事記』や『倭姫命世記』に確認される外宮先祭を命ぜられた天照大神の託宣は、『止由氣宮儀式帳』に示された豊受大神の外宮鎮座を要請された天照大神の託宣の際に下されたものであり、その淵源は上述の高天原に於ける天照大神の御業にある。更に、第十代崇神天皇の御代に至るまで、天孫降臨の際に下された二つの神勅に従い、宮中に於いて八咫鏡（天照大神）と御頸珠（豊受大神）とは、御同座されていた。然るにその御稜威を畏れられた崇神天皇の叡慮に従い、八咫鏡は宮域より外に御動座されるに至り、ここに八咫鏡は御頸珠と異なる祭場に祀られることとなった。かかる在りようを憂慮された天照大神は、第二十一代雄略天皇の御代、豊受大神を神宮に遷座せしめるべく、託宣を下されたのであった。[10]かくして石井は次のように力説するのである。

外宮先祭ノ御託宣ノ大御心ヲ拝スルトキハ豊受大神ハ決シテ単ニ天照皇大御神ノ御饌ノ神ニアラ

ズ、コノ御本質ハ延暦儀式帳以後不明ニナリ、外宮先祭ノ御託宣ハ御饌殿祭祀ニ於テ其ノ本旨ニ反シテ居ル様ニナリ特ニ大正三年神宮祭祀令ノ公布以後特殊神事ヲ中祭ト規定シ尚更其度ヲ強クシタ即チ名実共ニ外宮先祭ノ御託宣ノ本旨ニ背反シタル御饌殿祭祀トナル。

かかる石井の主張に対して、阪本は次のように反論している。

御頸珠ハ高天原御統御ノシルシデアルガソレガ即チ豊受大神デアリ、大嘗聞看ス殿ニ於テ御倉板擧ヲ斎ヒ奉ラレタ事ハ何処ニ其ノ証拠ガアルデアラウカ〈○〉又川面凡児翁ガ御倉板擧之神トハ豊受大神ノ御事ナリト云ハレタトテソレハ単ニ一説デアツテソレヲ以テ、御倉板擧神即豊受大神トスル証拠トハナラヌ川面翁ノ説ガ正シイコトガ確定セラレテカラノ問題デアル〈○〉一説ナラバ折口博士ガ古代研究中「たなばたと盆踊りと」ニ於テ〈「〉珠玉の神を御倉板擧《ミクラタナ》（記）といふなどは、倉の棚に此神を祀ったものと見てゐるがこれはくらだなに対する理会が届かないからである〈○〉くらだなが即ち倉で倉の神が玉であり、同時に天照大神の魂のしんぼるであり、また米のしんぼるとして倉棚に据ゑられたのである、この倉は地上に柱を立て、その脚の上に板を擧げてそれに五穀及びその守護霊を据ゑて仮り屋根をしておくといふ程度のものであつたらしく「神座《クラ》なる棚」の略語くらの義である」ト云ハレルノモ有力ナ一説デアル〈○〉勿論清直翁ハ豊受大神寔録ニ於テ御倉板擧之神デハナイガ天照大神ガ豊受大神ヲ祭ラレタ意味ヲ日本書紀其他ヲ引イテ述ベテキルガコレモ矢張リ外宮方ノ立場ニタツテノ見解デハアルマイカ〈○〉〈中略〉豊受大神ノ霊徳ニ報ムト大嘗ノ新殿ヲ造立シ、其神殿中ニ神座ヲ設ケ、朝夕ノ御饌ヲ奉進スベキ料ノ所謂由貴殿須紀殿ヲ妨汚シ給フヲ謂フナリ、ト述ベテキル、尚清直翁ハ天照大神ノ斎服殿ニ於テ御衣ヲ織リ給フモ豊受ノ神徳ニ報謝セムト其神ノ御衣ヲ織ラシメタノダト説クガコレモ同シ外宮的見地ニ立ツテノ論ト思ハレル、何故ナラ神宮ノ古儀以来現今ニ於テモ神御衣祭ハ内宮ノミノ儀ナルカ故デアル〈○〉御饌祭ヲ考ヘル上ニ於テモ神御衣祭ガ天照大神ノミニサ、ゲマツル御儀デアルコトヲ念頭ニ置カネバナラス。（〈　〉内筆者。）

以上の議論を概観すると、凡そ二つの事実を指摘できるように思われる。一つ目として、かかる豊受大神をして天照大神が敬祭する神であるのか、否か、という論争並びにその論証過程は、民俗学の成果等を除くと、概ねすでに近世国学に於いて主張されてきた、という事であろう。(11) 更にその問題に関連して、二つ目として、昭和十五年十月に神祇院が創設された事を想起するならば、太平洋戦争に突入する寸前、所謂、非常時と称されるこの時期、内務省の外局として設立された神祇院に於いて、かくも自由闊達且つ学問的な議論が行われていたことに、驚かされる。(12)

当該時期（「満州事変（一九三一年）〜太平洋戦争敗戦（一九四五年）」）の神道をして、「ファシズム的国教期」、「天皇制ファシズムの時期の国家神道」（村上重良『国家神道』岩波新書、岩波書店、昭和四十五年十一月、八〇頁）あるいは「ファシズム期」（島薗進『国家神道と日本人』岩波新書、岩波書店、平成二十二年七月）などと規定乃至は「提案」する研究者も存在する。しかし、「敬神思想の普及に関する事項の事務を掌る」（『神道史大辞典』吉川弘文館、平成十六年七月、四九八頁）ことを職掌とする国家機関としての神祇院が、以上見てきた如く、学術的に極めて公正な機関であったことを確認してみると、「ファシズ

ム」という概念に基づいて当該時期を規定する研究に、筆者は違和感を禁じ得ない。(13)

註

（1）　折口信夫は、祝部殿（「斎戸殿」〈いはひどの、又は、いはひべどの〉）をめぐって、次のように考証している。「この殿は、神祇官西院にあり、八神殿に隣つてゐて、二間に一間の建て物であつたらしい。この殿には、当今の御魂、又中宮・春宮の御魂を斎ひ奉つてあつたものと見られる。毎年十二月の「鎮御魂斎戸祭」には、新に御魂を斎ひ鎮める行事を、中臣が行ふ事になつてゐた」（「即位御前記」、『折口信夫全集』第二十巻所収、二七頁、中公文庫）と。

（2）　念の為、当該箇所を茲に引用しておこう。「天照坐皇大神、始巻向玉城宮御宇天皇御世、国国処処太宮処求賜時、度会乃宇治乃伊須須乃河上爾大宮供奉。爾時、大長谷天皇御夢爾誨覚賜久、吾高天原坐氏見志真岐賜志処爾・志都真利坐奴。然吾一所耳坐波甚苦。加以大御饌毛安不二聞食一坐故爾、丹波国比治乃真奈井爾坐我御饌都神、等由氣大神乎、我許欲止誨覚奉支。爾時、天皇驚悟賜氏、即従二丹波国一令二行幸一氏、度会乃山田原乃下石根爾宮柱太知立、高天原爾比疑高知氏、宮定斎仕奉始支。是以、御饌殿造奉氏、天照坐皇大神乃朝乃大御饌夕乃大御饌乎日別供奉」（『神道大系』神宮編　皇太神宮儀式帳、止由氣宮儀式帳、太神宮諸雑事記、財団法人神道大系編纂会、昭和五十四年三月、一九三頁）。と。

（3）　度会延佳の『陽復記』脱稿のおよそ五十年後、宝永六年（一七〇九）に、外宮権禰宜河崎延貞によって執筆された『寶永十條』には、天照大神（内宮）と國常立尊（外宮）との二宮一光説を受容していることが確認される。即ち、「人民を慈愛し憐み、万物を利養し養ひ、光を和げ塵に同じうして、災をけし難を済ふ。其表はるゝ名を天照大神と申奉也。是即國常立尊御神霊発して作用をなす。其作用は即天照大神と申奉る事なるべし。人々一箇の上も亦是なり。固有の神霊は國常立ノ尊の御神霊に異らざれども、人々私欲かの御舎の戸を閉て開事なし。若夫御戸を開て國常立を拝み奉るに、両鏡相合て影なきの地にいたりなば、神と我との間に一髪を容べからず。是を神明とも神聖ともいふなるべし。國常立尊、天照大神と分座したまへども、体用一致にして更に二つなし。是即一にして二、二にして一なり。二宮一光といふ是也」（大神宮叢書『度會神道大成』後篇所収、神宮司廳、昭和三十年三月、一三七〜一三八頁）と。かかる言説を見ても、内外両宮御祭神をそれぞれ個別神格として解釈する延佳の神学は、まさしく卓見であったといえよう。

（4）残念ながら、『伊勢二宮さき竹の辨』には、『陽復記』に対する直接的な言及はない。しかし本書が慶安四年（一六五一）出版以降、しばしば版を重ねたことから、宣長が本書に目を通していたことは、ほぼ間違いない。一方吉見幸和の『五部書説弁』をめぐっては、「かの五部書の説を、一々微細に弁駁して、外宮の御神をば、皇孫ノ尊の天降らせ給ふ時の、供奉の臣列にして、膳部《カシハデ》ノ神也といへり、そも〳〵此書の論、こと〴〵く公の正しき書どもを引証して、弁じたれば、皆否《イナ》といひがたく、かの五部書の妄説なること、いよ〳〵明白にして、まことに正説と聞ゆる故に、たれも皆これを信じて、外宮の御神は、膳部ノ神とこゝろえ、又いかにもして外宮をいひ貶《オト》さむとする輩は、なほさら此書をよろこびて、いよ〳〵臣列膳部ノ神なるよしを、いひひろむめり、〈中略〉然るに今宣長又大にこれを弁ずべきことあり、まづ此説弁の大むね、もとかの五部書の誣妄をふかくにくみ、憤激して、あらそふ心より書キたる故に、ひたすら外宮を貶《オト》して、卑くせむとつとめたるから、すべて其論平穏ならず、いひ過しの雑言悪口いと多く、ひがこともすくなからず」（筑摩書房版『本居宣長全集』第八巻、四八六頁）と述べていることから、『五部書説弁』批判が『伊勢二宮さき竹の辨』執筆の動機となったことが窺える。

（5）当該言説は、『古語拾遺』に確認される、「天照大神者、惟祖惟宗、尊無レ二、因自余諸神者、乃子乃臣、孰能敢抗」との天照大神の尊さを表現する記事を念頭に置いてのものである。

（6）かかる着眼点に基づいて、宗教の信仰内容の分析を提唱したのは、チューリッヒ大学に於いて宗教学を講じていたフリッツ・シュトルツである。Vgl.Fritz Stolz, "Grundzüge der Religionswissenschaft", Göttingen; Vandenhoecke. Ruprecht, 1988.

（7）御巫清直が『倭姫命世記』に着目した理由は、天照大神の御魂実である八咫鏡が第十代崇神天皇の御代、宮中から遷御され、続く第十一代垂仁天皇の御代、五十鈴川の川上に鎮座するに至る過程を、『日本書紀』や『皇太神宮儀式帳』以上に詳細に伝えており、その過程に神嘗祭を始めとする神宮故実の端緒を窺うことができるからであろう。拙稿「近代神宮の道程——御巫清直の思想と古儀復興——」（拙著『国学者の神信仰——神道神学に基づく考察——』所収、弘文堂、平成二十一年四月）参照。

(8) この石井の建議がどのような手続きを踏んで神祇院に齎されたのか、その詳細は判らない。筆者の下には、「正院山人先生（阪本健一—筆者註）豊受大神論　越山野人」と表紙に書かれた阪本健一所蔵神祇院関係資料の複写があるのみであり、当該資料には「秘」と捺された捺印以外、署名及び印鑑の類は存在しない。

(9) 阪本健一が執筆した『豊受大神論』の「総評」には、「著者（石井鹿之助—筆者註）ハ先ニ神宮皇學館教授トシテ伊勢ニアリ、神宮ニテ口ニセラル、外宮先祭ナル言葉ニツキ疑問ヲ抱キ爾後其方面ノ師トシテ当時神宮学ニ造詣深キ松木時彦翁ヲ仰ギシモノノ如クデアル（但シ松木氏ハ度会神道家トシテ又外宮出身ノ神宮禰宜トシテ最後ノ一人タルコトモ念頭ニ置クベキデアル）」との一文を確認できる。

(10) 註(6)で紹介した阪本健一所蔵の資料には、以下の如く記されている。「天照皇大神宮ガ外宮先祭ノ御託宣ヲ外宮御鎮座ノ御神誨ト共ニ雄略天皇ノ廿二年ニ皇孫命ニ賜ハリシハ崇神天皇ノトキ斎鏡ノ宮外奉遷ニ淵源スルモノデアル、何トナレバ斎鏡ノ御神勅ハ斎穂ノ御神勅ト共ニ天孫御降臨ノ御時皇孫命ニ、同床共殿ノ御神勅トシテ賜リシモノデ是レ全ク伊邪那岐命ガソノ御頸珠ヲ天照皇大御神ニ賜ヒシ御時「汝命者所知高天皇《ママ》矣」ト事依ザシ賜ヒシ御神勅ノマニマニ天照皇大御神カ御頸珠ヲ御倉板擧之神（豊受大神）トシテ大嘗聞看ス殿ニ於テ（我師川面凡児翁云、御倉板擧之神トハ豊受大神ノ御事ナリ）ト斎ヒ奉リツ、高天原ノ神政ヲナシ給ヒシ大御心ノ御発現カ即チ斎鏡斎穂ノ御神勅デアル（。—筆者）崇神天皇ノトキ斎鏡ノ宮外奉遷ハ正ニ御違勅ダカラ更ニ斎鏡ヲ鋳サセ給ヒ同床共殿ノ大御心ヲ体セントサレタガナホ高天原ノ御神政ノ大御心ト遠ザカラセ給ヘルニヨリ畏クモ皇祖天照大御神痛ク之ヲ憂ヘサセ給ヒ雄略天皇ノ廿二年遂ニ皇孫命ニ外宮御鎮座ノ御神誨及ビ外宮先祭ノ御託宣ヲ賜ツタノデアル」と。

(11)石井の主張する皇祖神の豊受大神に対する敬祭説を、神御衣祭が外宮に於いて斎行されてはいないことを論拠として批判する阪本の着眼点は、幕末の国学者鈴木重胤の学説にも見出せる。即ち、「神代紀」宝鏡開始章、素戔鳴尊の神荒びの段、斎服殿にて天照大神が御親ら機を織って居られたとの書紀本文の伝承を重視した平田篤胤は、当の神御衣を、「神に献リ給ふ御衣なり。其神は、豊宇氣毘賣ノ神なること決《ウツナ》し」(『古史伝』九之巻、名著出版版全集一、四五一頁)と主張した。これに対して、重胤は、当該伝承は神宮の神御衣祭の原由であるとの認識に従って、天照大神が天服織女や稚日女尊に神御衣を織らしめていた、との『古事記』、「神代紀」一書の伝承を重んじ、当該神御衣は、天照大神に奉られるべき御物であると修正した。即ち、「後世に至迄に右の斎服殿にて織らせ給ふ神御衣は、皇太神も荒祭宮に限て奉る御定なるを思漏されたるなりけり、本より神宮の神衣祭は天石戸隠の時に定れる例なる事は云も更なれど、其由て来る所必此時に斎服殿にて神御衣を令織給へるが、須佐之男命の神荒びに依て其事の全く成整はざりけるを、彼招奉る時に当て全く成整へるが永世の例と成れる事、云々」(『延喜式祝詞講義』十三之巻、国書刊行会版三、七〇頁)と。なお、かかる豊受大神を、天照大神が敬祭するとの学説に対する神道神学に基づく評価は、拙稿「〝豊受大神敬祭説〟をめぐって」(拙著『国学者の神信仰——神道神学に基づく考察——』所収、弘文堂、平成二十一年)参照。

(12)ちなみに明治七年八月、当時、神宮の少宮司に就任していた浦田長民(一八四〇——一八九三)は、外宮をして別宮と同様の地位に貶し、皇祖神天照大神(内宮)の神位をより一層高めるべく、当時の度会府知事橋本実梁に、以下の如き意見書を提出した。「内外宮ノ称呼、古ハ直ニ太神宮ハ豊受宮ヲ指ニ非ス、然ルニ後世誤認、愚民、二宮ノ差別ヲ知ス、同光一徳ノ御宮柄共ニ天祖ノ神廟ト心得、終ニ方向ニ迷ひ《ママ》候様成行候儀、全内外ノ称有之故ニ御座候、方今ノ御時節民志ヲ一ニセサレハ、乍恐御政体モ相立申間敷奉願候、仰願クハ大活眼ヲ被為開、今般内外ノ称ヲ被廃、専ラ太神宮〈又本宮〉、豊受宮〈又度会宮〉如此称呼仕候様御確定、天下へ御布告被為在度奉存候」(『神宮・明治百年史』上巻、神宮司廳、昭和四十三年十月、一九頁)と。つまり、天皇を頂点に位置づけ「民志ヲ一ニ」せしめる「御政体」を確立する為には、皇祖神天照大神の神位が最高至貴であることを、社殿の在りようからも明確にしなければならない、という議論なのであった。かかる浦田の見識に従っても、豊受大神をして、天照大神の敬祭する神であると主張することは、如何に時局に逆行する内容であったのか、ということを推察できよう。

（13）ちなみに、村上重良は神祇院の活動を、「神祇院のもとで、神社行政は大幅に拡充強化され、国家神道は、統制下の各宗教に文字どおり君臨して、国体の教義の普及に総力を投入した。植民地、占領地には、ぞくぞくと神社が創建され、アマテラスオオミカミの神威と天皇の御稜威《みいつ》を全世界に及ぼすための聖戦という侵略思想が鼓吹された」（村上重良『国家神道』岩波新書、二〇六頁）と主張しているが、果たして神祇院が村上の云うような機関であったならば、「アマテラスオオミカミ」が敬祭する神（豊受大神）をめぐって、議論を尽くしたりするのであろうか。また、満州事変から太平洋戦争開戦に至る経緯を、「政治体制」の視点から詳細に分析した中村菊男は、結論に於いて以下の如く明言している。即ち、「近衛文麿の『失はれし政治』は、日米交渉難航の歴史を回顧して、統帥と国務の不一致をあげ、統帥が国務と独立していることの弊害を衝き、外交と軍事の関係がうまくいかなかったことに言及している。〈中略〉最高政治指導者をしてこのような嘆息を発せしめる政治体制そのものが問題であったといえよう。この政治体制はその推進力が軍部であったという意味において軍国主義と呼びうるが、権力の一元的集中化が行なわれず、政治の最高首脳部のリーダーシップが確立されなかったという意味において、ファシズムではなかったといいうるのである」（『政党なき時代——天皇制ファシズム論と日米戦争——』、毎日ワンズ、平成二十一年、三一三頁）と。

初出一覧

第一章　明治神宮祭神考
　『神園』第十二号、明治神宮国際神道文化研究所、平成二十六年十一月

第二章　札幌神社の祭神――大國魂神の神徳をめぐって――
　北海道神宮・國學院大學研究開発推進センター編『北海道神宮研究論叢』弘文堂、平成二十六年十月

第三章　外宮祭神観の変遷
　『明治聖徳記念学会紀要』復刊第五十一号、明治聖徳記念学会、平成二十六年十一月

あとがき

本書のとじめにあたり、ここ数年、筆者の神道研究を支えて頂いた諸兄に一言感謝の意を申し上げたい。平成二十五年三月まで籍を置いた國學院大學研究開発推進機構研究開発推進センターの同僚研究者、即ち、遠藤潤國學院大學准教授、菅浩二國學院大學准教授、宮本誉士國學院大學研究開発推進機構准教授、森悟朗國學院大學北海道短期大学部准教授、大東敬明國學院大學研究開発推進機構助教には、「北海道神宮の研究」研究事業（代表者　國學院大學教授阪本是丸博士）にあたり、様々の知見や学問的な刺激を与えて頂いた。

平成二十五年四月より明治神宮国際神道文化研究所の研究員を拝命した後、筆者の学問を導いて頂いたのは、稲葉稔明治神宮至誠館名誉師範である。かつては神社新報社の編集長であった稲葉先生は、上田賢治先生や阪本是丸先生と同様、斯界を維持・発展せしめることに、心血を注がれた誠の神道人である。今泉宜子主任研究員、打越孝明主任研究員、そして戸浪裕之研究員には、明治神宮の創建や明治天皇の御聖徳と昭憲皇太后の御坤徳とを学ぶ上で、様々の学問的な刺激を与えて頂いた。また伊勢神宮と北海道神宮そして北海道大学附属図書館には、貴重な史資料の閲覧や写真の提供等、諸々ご協力頂いた。錦正社中藤正道社長とは、本研究所入所以来のお付き合いだが、校正等諸々御助力を賜った。本書がこうした方々の学恩と御恩とのお蔭であることを、茲に明記する。

筆者の先輩方がそうであったように、筆者もまた、斯界（神社神道界）の興隆の為に、それが例えささやかなものであっても、何がしかの関わりを持ちたいと、切に願っている。本書を通じて、こうした筆者の希望が成就されれば、望外の喜びである。大方の御批判を虚心坦懐に乞う次第である。

著者略歴

中《なか》野《の》裕《ゆう》三《ぞう》

昭和38年、神奈川県生まれ。
國學院大學文学研究科神道学専攻博士課程後期修了。博士（神道学）。國學院大學神道文化学部兼任講師、國學院大學研究開発推進センター特別専任講師を経て、平成25年より明治神宮国際神道文化研究所に奉職。平成27年より國學院大學神道文化学部兼任講師。

著書『国学者の神信仰──神道神学に基づく考察──』（弘文堂、平成21年4月）。

祭神論《さいじんろん》　神道神学《しんとうしんがく》に基《もと》づく考察《こうさつ》
──明治神宮・札幌神社・外宮の祭神──

平成二十七年三月二十二日　印刷
平成二十七年四月　五日　発行

※定価はカバーなどに表示してあります。

著　者　中　野　裕　三
発行者　中　藤　正　道
発行所　株式会社　錦　正　社
〒一六二─〇〇四一
東京都新宿区早稲田鶴巻町五四四─六
電　話　〇三（五二六一）二八九一
FAX　〇三（五二六一）二八九二
URL　http://www.kinseisha.jp/

印刷所　株式会社文昇堂
製本所　株式会社ブロケード

ISBN978-4-7646-0121-5

水戸史学選書

新版水戸光圀	名越時正著	二八一六円
水戸史學先賢傳	名越時正監修	二九〇〇円
水戸光圀とその餘光	名越時正著	三三〇〇円
水戸史學の現代的意義	荒川久壽男著	二九〇〇円
新版佐々介三郎宗淳	但野正弘著	三〇一〇円
他藩士の見た水戸	久野勝弥著	二七〇〇円
水戸學の達成と展開	名越時正著	三一〇七円
水戸の國學 吉田活堂を中心として	梶山孝夫著	三四〇〇円
水戸光圀の遺猷	宮田正彦著	三六〇〇円
水戸の學風 特に栗田寛博士を中心として	照沼好文著	三二〇〇円

水戸史学選書

水戸光圀と京都　安見隆雄著　三九〇〇円
大日本史と扶桑拾葉集　梶山孝夫著　二九〇〇円
北方領土探検史の新研究　その水戸藩との関はり　吉澤義一著　三四〇〇円
水戸光圀の餘香を訪ねて　住谷光一著　二八〇〇円
現代水戸学論批判　梶山孝夫著　二七〇〇円
水戸藩と領民　仲田昭一著　二七〇〇円
続水戸光圀の餘香を訪ねて　住谷光一著　二八〇〇円
大日本史の史眼　その構成と叙述　梶山孝夫著　三四〇〇円
水戸学逍遥　但野正弘著　二三〇〇円
水戸学の復興　幽谷・東湖そして烈公　宮田正彦著　二八〇〇円